著・宮脇俊郎

RittorMusic

Guitar magazine
最後まで読み通せる
ジャズ理論の本
目次
改訂版

3章 コードの基本はダイアトニック 55

4章 コードの機能を見てみよう 79

5章 スケール・チェンジを弾いてみよう 107

付録に対応した
YouTube動画への
リンクはこちら!

はじめに

ロック・ギタリストにとって、ジャズのギター・ソロというのはとかく難解に映るものです。ロック・ギターだったら、キーに合わせてマイナー・ペンタ一発で乗りきるところ、コードごとにスケールを切り替えて弾くということがまず信じられない。それにスケールがいちいち複雑ときている。メジャー・スケールなら一応知ってるけど、オルタードとかコンディミとかいったい何ですか？みたいな。こちとら薬指チョーキング一発でじゅうぶん気持ちがいいのに、なんでそんな指がもつれそうなソロを弾くのか意味不明、やっぱりペンタのソロが一番！と胸を張ってみる。しかし、ラリー・カールトンが時折ブルースの中に織り交ぜるジャジィなフレージングに、心が揺れる自分を隠せない。そしてやや高めな価格設定の焼肉屋に行けば、お洒落なスタンダード・ジャズが流れている。そんなわけで、“ジャズってなにげにカッコいいよなぁ、このカルビと同じくらい美味しいのかも？”と、ジャズに対して密かに憧れを抱いている人も少なからずでしょう。あくまで著者の予想というか、自分自身がそうだったんですけど。

本書は、ジャズに対するコンプレックスをいくぶん解消し、どこから入っていけばジャズが楽しく弾けるようになっていくのか、そんな入口案内的作用を目指しています。口で歌えないような複雑なスケールをなぜ使うのか、複雑なテンション音で曲をわざわざややこしくするのか。ロック、ブルース・ギタリストにとって、ジャズはとにかく分からないことだらけ。いったい音楽理論のどういったところを学んでいけば、ジャズ・ギターが弾けるようになるのかなど、ロック、ブルース側からの視点でジャズを観察／紹介していこうと思います。

ジャズはもともとブルースとルーツが共通していて、枝分かれしたあと、高度に複雑化を遂げてきた音楽です。ゆえに両者は別個のものではなく、ブルース側からもジャズを理解できるコツやヒントがあるはずです。即興を重視する点は同じで、その手法が異なるだけなのです。その合間に存在するのがジャズ・ブルースであり、本書でも詳しく取り上げています。

最初に断っておきますと、ジャズに小さい頃から親しみ、理論を知らずともジャズ・ギターをコピーしまくっている人に、本書はあまり向かないかもしれません。なぜならそういう人はタブ譜を見てでもなんでも、ジャズ・ギターの演奏とエッセンスをいくらかコピーしていると思うからです。それはロック・ギタリストがエリック・クラプトンの「クロスロード」をコピーするのと同じように大きな効果があります。本書は、普段はロック、ポップス、ブルースなどを好み、時としてジャジィな音楽も演奏できるようになっておきたい……けどコピーするのまではしんどいなぁ、という人に向けて書かれてます。一言でいうと、ジャズ・ギタリストの頭の中身はいったいどうなっているのか？という第三者的な視点です。

ジャズ・ギターの名演といわれるプレイの多くは、ベーシックなプレイからずいぶん飛躍していて、初心者にとっては何やっているのかほとんどわからないと思います。本書ではそういう人のために、コード音だけを弾いてみる練習から、最小限のスケール・チェンジにとどめたソロ例など、敷居を低くしたプレイを数多く取り上げています。それらは付録CDで確認できるので、本書を読み進めながら耳でも確認していただきたいと思います。もしあなたが会社員で通勤時間に1時間半を要するのなら、1往復で本書を恐らく最後まで読み通せるハズです（速読ができる人はもっと早いかも？）。どこから学んでいけば良いのかわかりにくいジャズの入口が、本書によって少しでも明らかになれば幸いです。

この本は、2010年の同名タイトルの改訂版です。改訂するにあたり、ジャズ・スタンダードの定番16曲のコード進行を取り上げ、アドリブ演奏に役立つアナライズ（=分析）を示すことにしました。対応するスケール名を列挙するだけでなく、元のスケールのどこを変えたら弾けるのか、可能な限りシンプルな発想で弾ける方法を提示しています。何曲かチャレンジしていくうちに、“ジャズって案外ワンパターンなコード・アレンジが多いかも”と見抜くことができればしめたものです。また各曲に対応した伴奏音源をYouTubeにアップしているので、ぜひ伴奏を鳴らしながら弾いてみましょう（リンクのQRコードを目次に入れました）。そしてある程度アドリブをマスターしたら、いろんなセッションに参加してみることをオススメします。ビバ☆ジャズ・ライフ！

1章 ジャズってどんな音楽？

こんにちは、宮脇です。はじめまして！という人もそうでない人もいますが、このセミナーでは10回に渡って“ジャズ・ギター”というものをみなさんと一緒に勉強していきたいと思います。どうぞよろしくお願いします。ひと口にジャズっていってもいろいろな考え方がありますので、あまり、主義とかなんとかイズムとかの領域に踏み込まないように注意しながら（笑）、なるべくわかりやすく話をしていきたいと思います。

今までロックとかポップスとかを弾いてきた人からすると、ジャズってとても難しい印象があるものです。

ロックとジャズの違うところっていうといろいろあるんですが、具体的に挙げて述べてみますと、ロック・バンドをやりたい人が、「ハイウェイ・スター」※の速弾きがカッコ良い！と思ってバンド・スコアのとおりに演奏すれば、コピー・バンドとしては成り立つわけですね。でも、ジャズっていうのは、“あの曲のソロを弾きたいな〜”と思ってコピー譜を買ってきても、それをそのままステージで弾くっていうのはNGなんですね。なぜなら基本的にソロはアドリブで弾くものであって、そのアドリブの演奏力を見せ

※
「ハイウェイ・スター」
ロック・バンド、ディープ・パープルの代表曲。1972年発表のアルバム『マシンヘッド』に収録。当時のギタリストはリッチー・ブラックモア。

るっていうのがジャズの醍醐味でもあるわけです。だからタブ譜を見て完コピしたようなソロを、人前で披露するっていうのは、ジャズにおいてはあまりカッコ良いことではないんですね。ウェス・モンゴメリー※の神業的名演を完コピで披露して拍手喝采を受ける！っていうのも時にはアリなんですけど、それは本質的なジャズとは異なると言っていいでしょう。だから、ジャズの完コピバンドっていうのも基本的にはいません。まあ、世界中探せばいるかもしれないですが(笑)。誰かのアドリブを丸ごと真似て弾くっていうのは、かなり精神論的な話になっちゃいますけど、本質的にジャズじゃない行為とされているわけです。

もうひとつの大きな相違点としては、音の使い方にもありますね。一般的なメジャー・スケールやマイナー・スケール、それからロックでよく使われるペンタトニック・スケールっていうのは、聴いていてもわかりやすくて、すぐに口で真似できるようなフレーズが作れるんですね。ところがジャズのアドリブのラインを口真似するっていうのは、かなり難しい。相当なジャズ好きでもない限り、ほとんど歌えないですね。と

※
ウェス・モンゴメリー
1923年生、1968年没。ジャズ・ギターを代表する黒人ギタリスト。右手親指一本でのピッキングによる独特の奏法で知られる。

1 2 3 4 5 6 7 8 9 10

いうのも、ジャズで使われる音っていうのが、あまり歌っぽくないというか、普通の人が発想するメロディという概念を越えてしまっているんですね。だから何をやっているかわからないように感じるし、コピーもしづらいと。その辺もジャズを始めてみようとする人にとっては大きな壁です。

そこで、このセミナーでは、すぐにジャズがバリバリ演奏できるっていうところまではいかないんですが、ジャズを弾く上での基本的な考え方とか、そこに至るまでの基礎の部分を紹介していって、ジャズ・コンプレックスを解消したり、なんとなく難しそうに感じているジャズっていう音楽を身近に感じられたりっていうところまで行けたらいいなと思っています。

ジャズには理論が必須?

ジャズっていうのは想像以上に深い音楽で、ジャズと一口に言ってもいろいろなサブ・ジャンルがあります。カクテルが似合うバーで流れていそうな、なぜか高級な焼肉屋で流れていそうな、チャーシューがやたら高いラーメン屋さんで流れてそうな

(笑)、我々がジャズと言われて真っ先に思い浮かべるような音楽は、スタンダード・ジャズとか言われたりします。その中にも奏法とか時代的な違いでビバップとかモード・ジャズとかがあるんですけど、まあ大雑把に“普通のジャズ”って感じです。お洒落っぽい感じでね。

それに対して、もう売れなくてもいいやと思っているのかどうかはわからないですが(笑)、めちゃくちゃな変拍子だったり何がなんだかわからないコード進行だったりっていう実験的なジャズもあって、もっと極端なところでいうと、音階とか曲とかっていう概念を超えることを目的としたかのような、アヴァンギャルド※やフリー・ジャズ※※っていうのもあったりします。この辺は僕も詳しくないですけど、即興性っていうのを突き詰めていった先っていう感じなのかな?　まあ、下手なことは言えない世界なので、あまり触れません(笑)。

ジャズっていう音楽にはどうやって新しいものを生み出すか、どうやって人と違う演奏をするかっていうのを追求するところもあるので、そういう方向に突き進む人もいるわけです。ですが、今回のセミナーで

※
アヴァンギャルド
日本語で“前衛”の意味。ジャズに限らず、先鋭的な芸術活動を指すのに用いられる用語。

※※
フリー・ジャズ
コードやメロディにとらわれないアドリブを目指した音楽や運動。そのものずばり『フリー・ジャズ』というアルバムを発表したアルト・サックスのオーネット・コールマンが代表的。フリー・ジャズも広義でのアヴァンギャルドに含まれることが多い。

は誰が聴いても“ジャズっぽい”と感じるようなスタンダードなものに限定して扱っていきます。

では、今日は第1回目ですから、みなさんとの交流を兼ねて、あらかじめいただいている質問に回答していくことで、ジャズの演奏について一緒に考えていきましょう！

この用紙に書いていただいたこと以外でも、いつでも質問してもらってかまいませんよ。まず最初は……。

五線譜が読めないと ジャズが弾けないですか？ Q

それは当然、読めた方が良いに決まってますね……元も子もない言い方ですが（笑）。まあこの質問自体、“今はあまり読めないけど、読めないままでも何とかやりすごすことができるのかどうなのか？”っていうのが本旨だと思いますから（笑）、その方向で答えてみましょう。

ジャズにおいて、譜面をスラスラ読む能力が必要な場合っていうのを考えてみましょうか。ジャム・セッションというものがあります。ジャズをやる人たちが集まって、ランダムにバンドを組んで1曲ずつ演奏するっていうものなんですが、大抵の場合は呼ばれてステージに上がってから、曲を決めるんですね。その時、自分の知らない曲なのにもかかわらず、“このテーマをトランペットとユニゾンにしましょう”なんて言われることもあります。その場合は譜面が読めなかったら、“いや、実はちょっと今日は指の調子が悪くて……”みたいに苦しい言い訳をしなければならなくなります(笑)。ただ、クラシックのように込み入った譜面というのはジャズではほとんどないですし、初見の能力はある程度の上級者でないと問われないと思っていいでしょう。※

この講義でも、初見で演奏できるっていう能力は求めません。少しずつ“簡単なリズムやメロディが指板と結びつけられる”、“コードの流れを見極める”っていう能力を身につけていただきたいと思います。

※

ジャズの譜面の例

メロディとコード進行だけが記された譜面をもとに、アドリブをするのが一般的。
「I Got Rhythm」
Music by George Gershwin

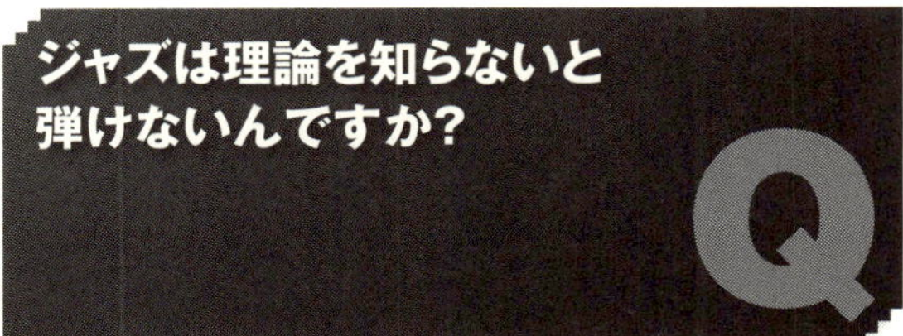

理論を知らなくてもアドリブが弾けるミュージシャンもいますが、そういう人は耳が良いというだけではなく、日頃からジャズを熱心に聴き、コピーしたりして血肉としていますね。コピーしたものを分析し、自分のボキャブラリーとしてアウトプットするために整理整頓するもの、それも音楽理論の役割のひとつです。理論というのは演奏のヒント、コツのようなものなんですよ。

だから、理論を知らなくても弾ける人はいるけど、知っておいた方が圧倒的に楽に弾けるようになると言えますね。

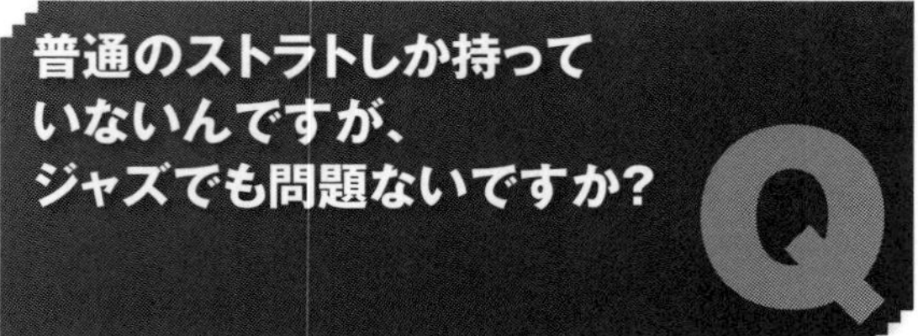

それは全然問題ないですよ！　いわゆるジャズっぽい感じの音を出すんだったら、フロント・ピックアップにして、トーンを絞り気味にするといいでしょうね。気合を入れるっていう意味でフルアコを買っちゃうっていうのもアリですけどね。フルアコなんかだと構えただけでジャズっぽい感じがするので、練習にも身が入るでしょう。

フルアコならではの特徴というか、ボディが大きいから奏法に影響が出て、ジャズっぽくなる、みたいなことはないんですか？

それはほとんどないですね（笑）。弾ける人はストラトでもフルアコでもジャジィに弾けます。※あと、フラット・ワウンド弦って使ったことがある人はいますか？　巻き弦の表面がツルツルに加工されている弦ですが、これをフルアコに張るといかにもジャズらしい柔らかい音が出せます。

でも、最近の著名ジャズ・ギタリストはフルアコでも普通のラウンド・ワウンド弦を張っている人が多いんです。その辺の機材的なところは今やボーダーレスと言えますね。テレキャスターでもストラトでも、どんな弦を張っていてもジャズはやれます。もちろん、“60年代のジャズの音がどうしても出したい！”ということであればフルアコとフラット・ワウンドが良いですけどね。

弾き方、奏法、テクニックの面でジャズとそれ以外のジャンルは違いがありますか? Q

※

フルアコ、セミアコ、ソリッド

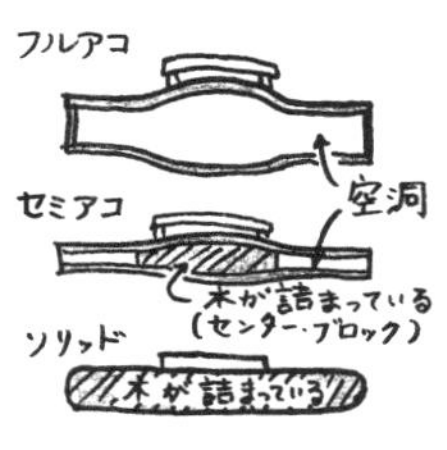

ストラトやレス・ポールに代表される、ボディに空洞のないエレクトリック・ギターの総称がソリッド・ギター。ボディが完全に中空構造になっているのがフル・アコースティック、センター・ブロックと呼ばれる木材で中央部が埋められているのがセミ・アコースティックとなる。以上は一般的な名称で、例外も多い。

ロック・ギターのテクニックと言えば、チョーキングや、弦を上下させるビブラートなどですよね。これはジャズではほとんど使いません。たまにチョーキングを使う人もいますけど、ロックみたいに“チョーキング一発で聴かせる！”ということはあまりないですね。

フォーム面では、ロックはチョーキングを多用するので親指が上に飛び出しているフォームの人が多いと思います。でもジャズではチョーキングを考えたフォームである必要がないですから、親指はネックの真ん中あたりに配置させている人が多いです。そうすると指が自由に動くし、複雑なコードも押さえやすいですからね。まあ、人によってです。ジャズ専門でもネックを握り込むようにしている人もいますから。

ジャズでは音楽理論にのっとった音でないものは出してはいけない？ Q

ジャズ＝難しい理論というイメージからか、これはよく聞く質問ですね。結論から言うと、全然そんなことはないです。ある意味、ロックよりも外した音、理論的ではない音っていうのをガンガン使っていますね。例えば……今は詳しくわからなくてもいいですけど、G7からCに行くコード進行でアドリブを弾く時、ロックだったらそれぞれに合うスケールを弾いていくという方法論があって、それによってコードに沿った音を選んだりします。G7→Cの場合だと、キーがCだからCメジャー・スケールやCメジャー・ペンタで弾くとか。

ジャズだとそれに加えて、G7のコードに不安感を持たせて、Cに行った時に安心させるという流れを重視します。"外れた"感じの音が多いと不安な感じがするので、G7の時には多い時で12音すべて使ってしまうということもあるんですね。一応、後付けでそういったものを理論的に解説することもできるんだけど、そこまで考えずに弾いていることも多いんです。つまり、理論にのっとった音ではないものも積極的に使うのが実際のジャズなわけです。

ロックの人がジャズを見た時に、"理論に縛られて音楽をやっている"と誤解することが非常に多いんですけど、実はまったく逆です。"理論的にはこの音を弾けばいいかわかっている”という状態でありながら、あえて外したりっていう醍醐味もあるわけです。そういう意味で言うと、マイナー・ペンタのポジションの中でガンガン弾きまくって“俺は自由だ～！”っていうのは全然自由じゃない感じもしますよね。ペンタの音使いしか知らなければその範囲の中でしか音を選べないっていうことでもありますし……いろいろなスケールを使い分ける練習を積まないかぎり、メジャー・スケールとかペンタトニックから外れた音はなかなか弾けないものなんですね。

ジャズを弾けると、他のジャンルでもアドリブを弾けるようになるんですか？ Q

完全に弾けるとは言わないですが、他のジャンルを弾く時でも余裕が出てくるとは言えます。ジャズを練習していく過程で、いろいろなコードやスケールについても基礎から学んでいくことができますからね。

もちろんジャズが万能と言っているわけではありませんよ。それぞれの音楽スタイルには特有の歌い回しがあって、それを身につけていないと弾けたということにはなりませんから。しかし、ジャズを学んでおけばどんなアプローチで弾くにせよ役立つことは間違いないでしょう。

ジャム・セッションにはどんなルールがあるんですか?

Q

これも興味があるところですよね。ジャム・セッションっていうのは、知らない人同士で集まって即席のバンドを作って演奏することです。※基本的には、ジャズのジャム・セッションっていうのは、"スタンダード曲"と呼ばれる有名曲の中から1曲選んで演奏します。呼ばれてステージに上がっていくと、他の人と"「枯葉」なんかはどうでしょう?"とか軽く打ち合わせて、すぐ演奏が始まります。ギターとか管楽器のようにメロディが得意な楽器をフロントとか言いますけど、フロントが曲のメロディを演奏します。これを"テーマ"と言います。テーマが終わったらフロントの間で何コーラスずつかソロを回して、ピアノ・ソロ、ベース・ソロ、ドラム・ソロの次にまたテーマに戻り、エンディ

※
ジャム・セッション参加法
場所によって多少ルールが異なるが、受付で名前と担当パートをリストに書き込み参加費を支払うと、セッション・リーダーと呼ばれる人がリストの中から数人をピックアップして即席バンドが結成される。曲はテーマを演奏する管楽器やギターの意向が反映されることが多い。ほとんどのところでは見学だけでも参加可能。

ング……これが典型的なパターンですね。

だから、ジャズのセッションっていうのは曲を知らないと何もできない可能性があるんですね。セッションにも積極的に参加したいという人には、基礎が固まったところからジャズ・スタンダードの曲をたくさん覚えて実践的な練習を重ねることをお薦めしています。

よく聞く、“スタンダード曲”っていう言葉は何を指すんですか？

ジャズとしてよく演奏される曲の総称です。ジャズのセッションだと、ロック・バンドがスタジオでセッションするのと違って、“Eの一発で”などというのはほとんどなくて、何らかの曲をやります。そうやって演奏される頻度の高い曲がジャズ・スタンダードと呼ばれるものなんですね。

ジャズ・スタンダードっていうのは2パターンの成り立ちがあって、それによって演奏にも少し違いはあります。

まずは、ヒット曲とか映画音楽なんかのよく知られた音楽をジャズとして演奏してみたら良かった。それが広まってスタンダードになった……というパターン。だから、こっちはもともとが歌のある曲っていうことが多いですね。有名曲だと「酒とバラの日々」とか、「枯葉」、「波（ウェイブ）」なんかがありますね。※

もうひとつは最初からジャズの曲として、ジャズ・ミュージシャンが作曲している曲というのもあります。その中で、特に出来が良かったり演奏していて楽しかったりしたものがスタンダードとして定着していったわけです。こっちは最初からインスト・ナンバーな場合が多いです。「ジャイアント・ステップス」、「スペイン」、「オレオ」、「ドナ・リー」とかです。※※楽器用の音楽、要するに"器楽"なので演奏のしごたえがあるものが多くて、みんなで合わせるキメなんかもよくありますね。

で、演奏上の違いっていうのは、もともとが歌の曲のパターンだと、メロディをフェイクさせることが多いんですね。フェイクっていうのは崩して弾くっていうことです。歌はたいてい歌詞があるじゃないですか。だから、同じメロディを何回くり返しても歌詞が変われば飽きないし、譜面上の音数が少なくても歌詞が入れば間延びしません。と

※

「酒とバラの日々」

原題、Days of Wine and Roses。同名映画の主題歌

「枯葉」

原題はLes Feuilles mortes（フランス語）で、もともとはシャンソン。英題はAutumn Leaves。

「波」

原題はWave。ボサ・ノヴァとして有名。

※※

「ジャイアント・ステップス」

原題、Giant Steps。テナー・サックス奏者、ジョン・コルトレーンによる作曲。

「スペイン」

原題、Spain。鍵盤奏者、チック・コリアによる作曲。

「オレオ」

原題、Oleo。テナー・サックス奏者、ソニー・ロリンズによる作曲。

「ドナ・リー」

原題、Donna Lee。アルト・サックス奏者、チャーリー・パーカーによる作曲。

ころが、同じメロディを単純に楽器で弾いてしまうと単調になりやすいんですね。そこで、もとのメロディがわかる程度に、ちょっと音数を増やしてみたり、タイミングを変えてみたりというフェイクが入ります。

もともとが楽器用に作曲された曲だと、譜面のとおりに弾くことが多いんです。楽器で弾くことを想定したメロディだからそのまま弾いてもバッチリなわけですね。あと、他のフロントの楽器とユニゾンしたりもしますから、そうするとひとりで勝手にフェイクして弾くっていうことができないんですね。

ジャズはなぜ複雑なの?

そもそもジャズってなぜ複雑なのかなって考えていくと、前者のスタンダード、つまり歌の曲がスタンダードになったものが関わっているんじゃないかなと思います。

ジャズのもととなっている音楽自体は20世紀の初頭にはあったらしいんですが、実はアドリブをバリバリやりまくるようになったのは1940年代くらいのビバップというスタイル以降で、ビバップが出てくる前のジャズって、スウィング・ジャズがメインだったんですね。それこそ『スウィングガールズ』ですよ。※あれってダンスのための音楽で、アレンジもかなり細かいところまで決まっていて、アドリブが曲の中心になっている音楽ではないんです。

スウィングが流行している時、“もっと自由にガンガン演奏したいよなぁ”なんていうジャズ・ミュージシャンが閉店後のライブハウス※※に集まって、ヒット曲を使ってアドリブ合戦をするというようなムーブメントが起こり、そこから今のようなアドリブ主体のジャズが生み出されていったと……まあ諸説あるみたいですが、ザックリ言えばそんな感じです（笑）。ヒット曲を使うっていってもそのままじゃなくて、コード進行を複雑化させたり、テンポを速くしたりして、腕を競ったんですね。それがだんだんビバップと呼ばれるものになりました。

そういう、背景みたいなものを知っていると、より親しみやすくなるかと思います。

ジャズを聴いている人じゃないとジャズは弾けないですか？　Q

※
『スウィングガールズ』
2004年公開の日本映画。田舎の女子高生がビッグ・バンドを組んでスウィング・ジャズを演奏するまでを描く。

※※
閉店後のライブハウス
当時、ニューヨーク市ハーレムにあった、ミントンズ・プレイハウス（Minton's Playhouse）が代表的。ビバップを代表するミュージシャンたちが腕を競い合ったと言われている。

1 2 3 4 5 6 7 8 9 10

※

1958年9月9日のニューヨーク・プラザ・ホテルでのマイルスの演奏

『ジャズ・アット・ザ・プラザ』としてCD化されている。

ジャズ・ファンってマニアックな人が多くて、"ニューヨーク・プラザ・ホテルでのマイルス・デイヴィスの演奏は凄いよね"※とか(笑)、ものすごく深く聴いていて、しかもその時のメンバー構成なども覚えていたりします。まあ、そこまでとは言わなくても、日頃からジャズを聴いて歌い回しなどを耳に入れておくことは大事なんです。

だって、ジャズをあまり聴いたことないけど理論を覚えたら弾けるかといえば、ジャズらしくは弾けないと思うんですよ。

別のジャンルの話ですけど、ブルースでよく使われているマイナー・ペンタトニック・スケールっていうのはよく知られていますが、ブルースをあまり聴いたことがないのにマイナー・ペンタばっかり弾くと、ちょっと日本の民謡っぽくなったりしますよね?　同じマイナー・ペンタでも節回しによってブルースっぽくなったり和風になったりするんです。それと同じことで、ジャズで使われている理論を覚えたからといって、そのとおりに音を出してもジャズになるかどうかは、弾く人のセンスによるんですね。いかにジャズらしい節回しで弾けるかという問題になります。その辺は、ジャズをしっかり聴かない限りは身につかないです。逆に言うと、ペンタしか弾けない人でもジャズが大好きだったら、ペンタだけでジャジィな演奏をすることも可能です。

ここに、ジャズの入門としてお薦めのCDをいくつか挙げておきますんで、ぜひとも聴いてみて下さい。※

「ジャズの巨人たち」のような本にはピアノ、サックス、トランペットなどが多くて、ギターが少ない。なぜ？

Q

楽器人口を考えるとギターっていうのは他に比べて圧倒的に多いはずなんですが、ジャズ・セッションの現場だとギターの人はあまり多くないですね。実際、ギターなしのジャズ・セッションの方が普通だったりもします。いろいろな考えがあると思うんですが、ひとつにはアンプが必要だという物理的な要因があると思います。

ジャズのライブではドラムやピアノ、サックスなどをマイクで拾わずに生音だけということがよくあります。ところがギターはやっぱり厳しい。仮に単音ソロをアコギで弾こうとすると、聴こえたとしてもアタック

※

筆者が厳選する
ジャズ入門アルバム

『Virtuoso』
ジョー・パス

『Incredible Jazz Guitar』
ウェス・モンゴメリー

『Exit』
パット・マルティーノ

『Undercurrent』
ビル・エヴァンス&
ジム・ホール

『Beyond The Blue Horizon』
ジョージ・ベンソン

音くらいです。

そんな楽器の音量的な特性から、長い間ギター不遇の時代があったと言われています。その常識を覆したのがチャーリー・クリスチャン※というギタリストです。

チャーリー・クリスチャンはジャズで初めてエレキ・ギターを弾き始めたと言われている人で、もうとっくに亡くなっています。この人のCDのライナー・ノーツを、レス・ポール・モデルの開発で有名なギタリスト、レス・ポールさんが書いています。※※その中には"チャーリーと一緒にギターとアンプを運んだが、重くて死にそうだった"というエピソードが綴られています。つまり昔は、アンプを現場に持ち込むだけでも大変なことだったんですね。だからジャズの黎明期には、ギターがメインの座にいなかったのかもしれません。

ですけども、ギターがジャズに合わないっていうことはまったくありません！　ピアノは半音単位で音程が区切られていますが、ギターならチョーキングなどの微妙な音程変化を加えて、歌うようなメロが弾けます。それは管楽器でも可能ですが、ギターはコードも弾ける。すごい万能じゃないですか！

※
チャーリー・クリスチャン

1916年生、1942年没。著名クラリネット奏者、ベニー・グッドマンのバンドに参加し、管楽器に劣らないギター・ソロで活躍した。25歳の若さで結核によって死去。現在入手できる音源は、グッドマン楽団での演奏をまとめた『ザ・オリジナル・ギター・ヒーロー』と、ミントンズ・プレイハウスでの演奏を収録した『After Hours』の2枚。

※※
レス・ポールによるライナー

『ザ・オリジナル・ギター・ヒーロー』のライナーに収録されている。

レス・ポール自身はジャズよりはカントリー寄りの分野で活躍し、ギター・プレイ以外でも、ギブソン・レス・ポール・モデル開発やマルチ・トラック録音の発明など、ポピュラー音楽の発展に大きく貢献した。

というわけで、もしかしたら一番融通の利く楽器なのかもしれませんね。

ジャズを普通に弾けるようになるのに何年かかりますか?

Q

僕の知り合いのジャズ・ギタリストに言わせると、“生涯が修行だ”ってことみたいです。元も子もない答えですね(笑)。

だいたいのイメージで言うと、コード進行に沿って絶対に外さない音であるコードの構成音(＝コード・トーン)を、確実に弾けるようになるのに数年かかりますね。ロックの人はそこがゴールだと思いがちなんですが、全然そんなことはなくて、コード・トーンが弾けるっていうのは単に合っている音が確認できるというだけなんですね。本番では、それは当たり前に弾けるけど、どうやってコード・トーン以外の音を弾いていくか、そこがひとつのポイントになります。そういうアプローチは数限りなくあるので、いくらやっても到達することはないという感じになります(笑)。

でもまあそう言っちゃうと話が終わって

しまうので、もうちょっと一般的なイメージとしての“ジャズっぽく弾ける”っていうところを目指すとしても、コード・トーンの把握とかスケール練習とかで4〜5年はかかると思います。あくまで目安ですんで、もっと早く弾けるようになったり、それ以上かかったりするかもしれません。

今回のセミナーではその4〜5年分の練習を凝縮するわけにもいかないので、ジャズの考え方とか、コードやスケールの関係とか、ジャズ・ギタリストが何をもとにしてアドリブを弾いているのかというのがわかることを目指します。

で、どこから始めていくかということですね。コード・トーンを弾きましょう！では何も弾けないまま終わってしまうっていうことにもなりかねないので、今日はこちらで用意したタブ譜を弾いてもらって、“ジャズっぽいっていうのはこういう感じなんだな”っていうのを体験してもらうところから始めましょう。今日はこの実演でお終いです。ではまた次回！

1章まとめ

CD TRACK 01

以下のまとめを読み、空欄を埋めてみよう。
わからない時は該当ページをチェック！

親指1本でピッキングをするジャズ・ギターの名手と言えば（　　　　　　　　　　　）が有名

→P.11

ボディが完全に中空構造になっている（　　　　　）がジャズ・ギターでは多用されていた

→P.17

即席のバンドを作って演奏を披露することを（　　　　　　　）と呼び、ジャズでは盛んに行なわれている

→P.21

1958年9月9日にニューヨーク・プラザ・ホテルで演奏した人物は（　　　　　　　　　　　）

→P.26

ジャズに初めてエレクトリック・ギターを持ち込み活躍したのが（　　　　　　　　　　　）

→P.28

アドリブではコードの構成音＝（　　　　　　　　）を弾けば絶対に外さない

→P.29

弾いてみよう!

CD TRACK 02

2章 ジャズっぽいコードを弾こう

今回はまず、コードを弾いてジャズを体験していきましょう。ジャズっぽいコードの響きを感じて、自分で弾けるようになるというのが目標ですね。

ジャズで使われているコードって、普通にロックとかのものとは違うんですか？

いや、基本的には同じなんですよ。ちょっと音の数を増やしてあったり、増やしてから省略したりっていうことはありますけど。弾き方なんかでもジャズっぽくなったりならなかったりしますので、その辺も併せてやっていきましょう。

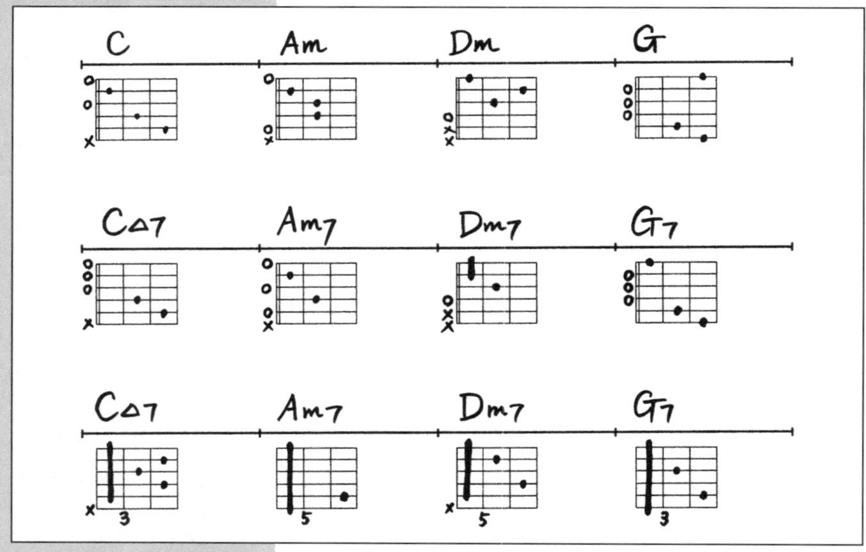

基本コード・フォームの違い

ここに用意したのはC、Am、Dm、Gというシンプルなコード進行です。ちょっと弾いてみて下さい。……まあ、これだと普通のフォーク・ソングみたいですよね。いわゆるジャズっぽい雰囲気は感じられません。

CD TRACK 03

ここでふたつのアプローチを試してみましょう。まずは和音の数を増やす。今弾いたコードって3つの音から成り立っている3和音というものなんですけど、これを4つの音から成り立つ4和音にしてゴージャスに。そして、開放弦のギラギラした響きはジャズになりづらいので、ポジションを変えてみる。コードの詳しい話はあとの回でちゃんとやりますからご心配なく！

CD TRACK 04

そうすると、C△7、Am7、Dm7、G7というコード進行になりました。で、ジャズ・ギターっていうのはあまりギャンギャン弾くと雰囲気が出ません。なので、指弾きでやってみましょう。リズムは“ボサ・ノヴァ”というパターンにしてみましょうか。どうでしょう？

CD TRACK 05

大人っぽい雰囲気っていう感じですかね？

1 2 3 4 5 6 7 8 9 10

CD TRACK 06

そうですね。さらに大人っぽくするには、音を省くというアプローチで攻めてみましょう。1～2弦っていうのは曲のメロディにあたる音域ですから、これを省いてしまう。するとこんな感じです。

さっきより随分すっきりして、聴きやすくなったと思います。

全弦を押さえてジャンジャカ弾くっていうのはジャズの中ではほとんどありません。

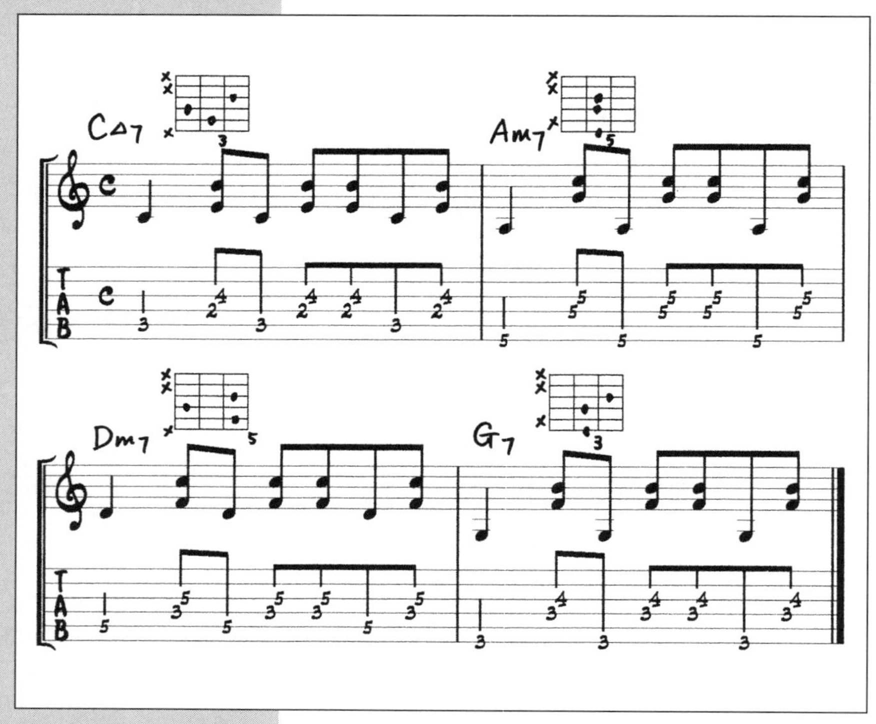

コードの中から美味しい音だけを選んで弾くというのが一般的です。今紹介したアプローチをまとめますと、4和音にして、ギラつく開放弦を使わず、音を省略して弾く……これでジャズっぽい雰囲気になるということです。

ボサ・ノヴァと4ビート

さっき弾いたボサ・ノヴァ※っていうリズム・パターンにも触れておきましょう。

ボサ・ノヴァっていうのはそれはそれでひとつのジャンルであって、ジャズそのものではないんです。だけど、ジャズ・ミュージシャンに取り上げられることが非常に多いんです。全ジャズ・アルバムの中の1割くらいはボサ・ノヴァをやってるんじゃないかな。かなり適当な数字ですけど（笑）。ボサ・ノヴァ以外のリズムだと、4ビート※※っていうのがあります。こっちの方が本当に王道のジャズで、目分量で言って全ジャズの8割5分は4ビートです。残りは……まあいろいろですね（笑）。4ビートはハネたリズムになります。それでコードを弾くと、こんな感じです。

※
ボサ・ノヴァ
1950年代に成立した、ブラジルの音楽。ボーカリスト／ギタリストのジョアン・ジルベルトなどが代表的。

※※
4ビート
ジャズの基本ビート。ドラムのライド・シンバルを“チー、チーキ、チー、チーキ”と刻むことが多い。ジャズをやってた先輩から、“ジャズを逆にズージャ、ズージャと言えばノリがわかるよ”とアドバイスをもらったことがあるが真相は不明。

幕の内と日の丸

では今から、なぜ3和音から4和音に簡単に変えられたのか、そして省略する音をすぐ選べたのか……この辺を解説していきます。ちょっと面倒な部分ではあるんだけど、こういうことを理解していかないと、タブ譜に頼り切った弾き方になってしまいますからね。

最初に弾いたフォークっぽいコードは、構成音を書くとこんな感じです。

〔C＝ドミソ、Am＝ラドミ、Dm＝レファラ、G＝ソシレ〕

次に弾いた“4和音”というのは、こうです。

〔C△(メジャー)7＝ドミソシ、Am7＝ラドミソ、Dm7＝レファラド、G7＝ソシレファ〕

そんなわけで、このコード進行にはドレミファソラシというメジャー・スケール以外の音は出てきていないわけですね。で、ここで大事なのは、これらのコードはドレミファソラシの中で、1音ずつ飛ばして重ねたものだということです。わかりますかね？ C△7＝ドミソシっていうのは、ドレミファソラシから1音ずつ飛ばしてド・ミ・ソ・シと積んだもの。他のコードも、始点を変えているだけで1音ずつ飛ばして積んだっていうのは同じなんですね。3音で止めれば3和音、4音積んだら4和音になります。

う〜ん、言われてみればそうかな、っていう感じですかね〜。

今はそれでも大丈夫ですよ！　で、この1番目の音を、ルートと言います。これは聞いたことがある言葉だと思います。“このコード、ルートは何？”とか“ベースはルート弾き”とかですね。ルート弾きっていうのは、この音だけを弾くという演奏法です。

C△7ではドミソシのドがルートで、他の音に関してはミを3度、ソを5度、シを7度という言い方をします。度数という考え方についてはまたあとで触れますね。これがジャズでは特に大事ですので。

さっきは指弾きでこれらのコードを弾いてみたわけですけど、弾いた音をそれぞれ整理すると、こんな構成音になっているんですよ。※

ね？　全部、ドレミファソラシドの音しか使っていないコードなんです。この中から

※

構成音を書き入れたダイアグラム

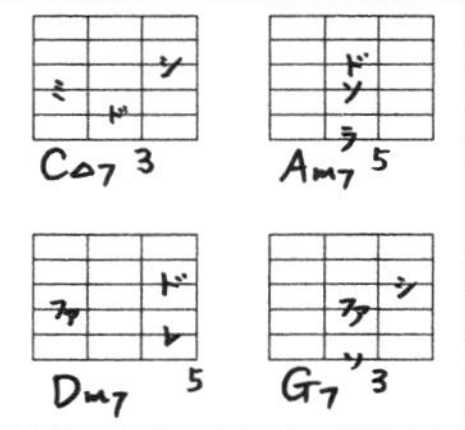

このように、どこに何の音が入っているのか知ることも大切。

の音の選び方や、弾き方、ポジションの違いによって、ジャズっぽくなったりフォークっぽくなったりという弾き分けができるんですね。

ここからさらに最小限の音だけにしたのが、最後の例だったんですね。

4和音と言っていたのに、3個の音しか押さえないで大丈夫なんですか？

そう、そこがポイントなんです。この

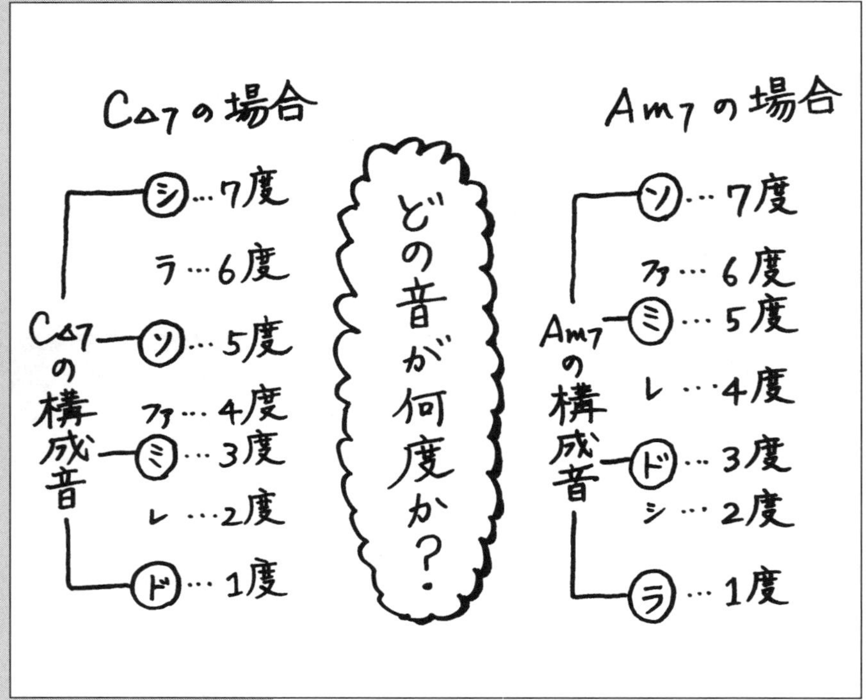

フォームっていうのは、コードの中の5度という音を全部省略しているんですね。コードの中の音っていうのはそれぞれキャラクターがあるんですね。ルートはドッシリしている、3度は明るいか暗いかを決定する……みたいな感じで。その中で、5度というのはコードの色合いにはあまり影響を与えず、音に厚みとか安定感を付け足すような役割があるんです。で、ジャズっていうのはいろいろな音が複雑に絡み合う音楽なので、あんまりコード楽器が分厚いコードを鳴らしちゃうと、ソロを取っている楽器にとってはちょっとうるさく感じたりするんですね。なので、ジャズにおいては5度の音が省略されることが多いんです。

逆にロックだとコードを単純化して、ルートと5度だけのコードを弾くことが多いですよね？　パワー・コードなんて言いますが。これは音使いはシンプルにして、音色と音量で迫力を出すという目的になります。

じゃあ、ジャズはあんまり安定していないんですか（笑）？

そうかもしれませんね。安定感というよ

りは、ゆらぎとか繊細さとか、そういったところで感動を与えることが多いと言えます。そもそも安定を求めるんだったら、ややこしいスケールを使ったりはしないわけですから。

弁当で言うと、ロックは日の丸弁当のような力強さを追求していくような感じでしょうか。ご飯に安定感を与える梅干し、これだけで行く！みたいな。対してジャズは小さいおかずがいっぱい入っている幕の内弁当※と言えるかもしれません。その多彩さを楽しむっていう感じでしょうか。どちらにも良さがあるということです。

そろそろ昼時なんでこんな話になってしまいましたけど（笑）、まだもうちょっとだけ頑張ってみましょう！

※
ジャンルと弁当

コードを感じさせるソロ

さて、少しアドリブ・ソロにも目を向けて、このコード進行に乗せてアドリブを弾くことを考えてみましょう。さっきの4つのコードに乗せて、どんな音が使えるでしょうか？

よくコードの構成音を見直し考えて下さい……どうでしょうか？

1
2
3
4
5
6
7
8
9
10

うーん、やっぱりドレミファソラシだと思いますけど……。

そうですね。ドレミファソラシの音しか使っていないコード進行なんですから、ドレミファソラシを弾いていれば間違えることはないわけです。ドレミファソラシ※をきっちり弾いてさえいれば、誰からも後ろ指を指されずに生きていくことができるはずですね（笑)。僕が弾いてみましょうか。

今、スケールを順番に弾いただけですけど、脱線したという感じはしなかったと思います。とはいうものの、バッキングが鳴っていなかったら、どんなコード進行の上で弾いているのかまったくわからないですよね。

そこでどうするかというと、さっき見たコードの構成音、つまりコード・トーンですね。これを強調しながら弾くんです。まあ説明はあとでしますんで、とりあえず聴いてみて下さい。

さっきとは違いますね。コードのイメージがわかるというか。

そうでしょう。今の演奏だとギター1本だ

※
ドラミファソラシ

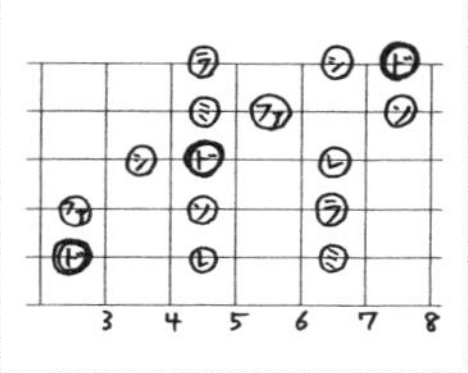

ラ シ ド
ミ ファ シ
シ ド レ
ファ ソ ラ
ド レ ミ
3 4 5 6 7 8

このような配置になっている。

CD TRACK 08

CD TRACK 09

CD TRACK 10

けで弾いているのに、コードの流れを感じることができると思います。スケールの音を順に弾くだけだとコードの流れっていうのはなかなか感じられないんですが、コード・トーンを強調しながら弾くと、何もバッキングがなくてもコード進行がわかるんです。オケありとオケなしで聴き比べてみましょう。

ジャズでは、バックで何もコードが鳴っていなくても、ちゃんとコード進行を感じさせるというのが基本です。

ジャズと言えばアルペジオ!?

さっきみたいにコードの移り変わりが感じられるように弾くにはどうすればいいかっていうことなんですが、ひとつの答えになるのが"コード・アルペジオ"というものです。コードの構成音を順に弾いていくのがアルペジオの意味です。これは最先端のジャズ・ギタリストであっても、ライブではこのような演奏法をしなくても、練習では必ず取り入れてるものです。実際にこんなプレイは聴いたことないと思うかもしれませんが、あなどってはいけません。

アルペジオって、歌の伴奏の時とかにポロロロロ〜ンって弾くのじゃないんですか？　アコギを弾いている時、長渕剛の曲で結構練習しましたけど……。

いや、長渕のアルペジオとは意味がちょっと違うんですよ。かぐや姫とかN.S.P.とか山崎ハコとか初期のチャゲアス、さだまさし、吉田拓郎、岡林信康とか……つい長くなりましたが（笑）、いわゆるフォークの伴奏で用いられるようなアルペジオは、コードが

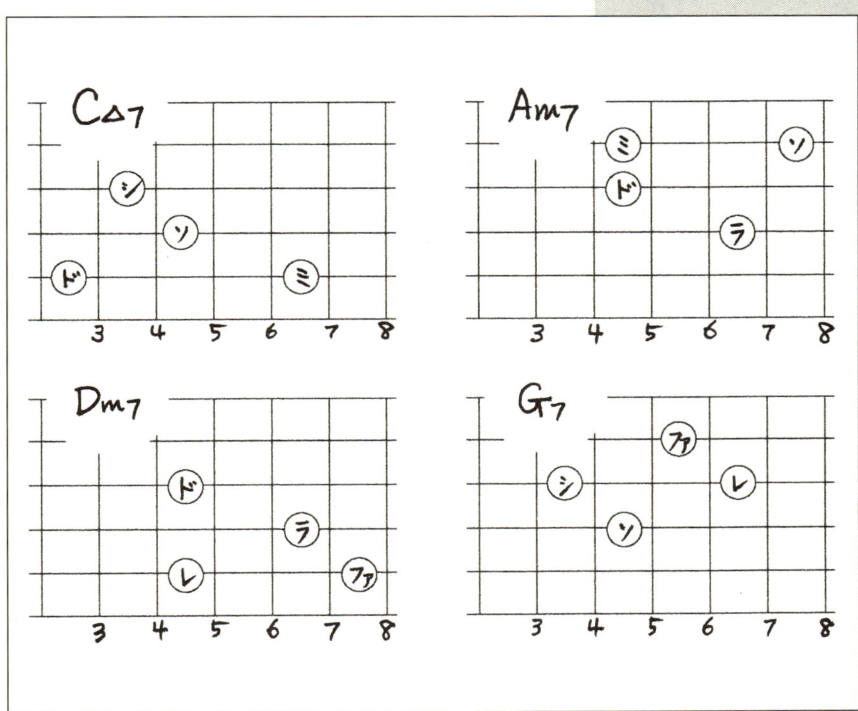

変わらない限り、弾いた弦は鳴りっぱなしです。ここでいうアルペジオとは、コードの構成音を弾くという意味で、特に音は重ねずに弾いていきます。

というわけで、C△7のところに来たらドミソシと弾き、Am7のところに来たらラドミソと弾き……という感じでアルペジオの練習していくと、これは非常にコード進行を感じさせる演奏になります。コード・トーンを全部そのまま弾いているんだから当たり前ですけどね（笑）。

コード・トーン以外を弾いちゃうとコード進行が感じられないんですか？

いえいえ、そんなことはありません。逆にコード・アルペジオだけのプレイだと“歌いづらい”、つまり音があちこち跳んで滑らかにつながらないというデメリットがあります。そこでどうすればいいかというと、横浜ベイブリッジ奏法というのがあります。※

C△7においては、ドミソシの4音がコード・トーンです。これに対して、ミ〜ソ〜と弾いたら、コードの構成音だから絶対に外しません。けど、あまりつながりが滑らか

※
横浜ベイブリッジ奏法
この弾き方については、シリーズ作『最後まで読み通せるアドリブ理論の本』でもイラスト入りで解説されている。

ではない。だから、ミ～ファ～ソ～と弾いたとしましょう。するとファがコード・トーンではないんですが、外した感じになるかというと、全然ならない。

このように、コード・トーンをつなぐようにしてスケール上の音を入れていくと、自然に聴こえて、しかもコード進行を感じることができます。このようなパターンをいろいろ考えて、ジャズ・ギタリストたちは夜な夜な練習しているんですね。

ああ、ジャズの人はやっぱり夜型なんですね～。

え？　いや、もちろん朝でも昼でも練習して良いですよ……まさかそんなところからツッコミが入るとは（笑）！

気長に練習するのが秘けつ

で、こんなパターンをコードに合わせてパッと弾けるようになるのはかなり大変なことです。ジャズを専門にやっていこうと思ったら、“アルペジオを確実に弾ける”ということに2～3年かかるのも珍しいことではありません。

そう言っていると、このセミナー自体が毎回アルペジオを延々と弾いてお終いということになって（笑）、ちっともジャズを弾けないので、ちょっとしたコツと一緒に覚えていきましょう。それは、コード・フォームに合わせてコード・アルペジオを弾くという方法なんですね。理想的には指板の全ポジションで弾ける方がいいんですけど、まずはコード・フォームからアルペジオを導き出していくと、覚えやすくてかなり楽ですよ。

これがジャズのアドリブなんですか？

いえ、実はこれをそのまま弾いてもまったくジャズにはなりません。単にコードに合っている音を弾きましたというレベルであって、ジャズっていうのはそれがわかった上であえて違う音を弾いたりということが個性につながるんですね。ただし、アルペジオを弾けずして好きな音を弾けるようにはなりません。どの音がコードに合っているかわからないで弾いて失敗したソロを出鱈目と言います（笑）。だから、これからジャズをやっていく上で、アルペジオは避けて通れないということです。

逆にアルペジオをやらないで、ジャズで使うスケールをたくさん覚えていっても、ジャズが弾けるようにならないんですか？

ジャズにおいてもアルペジオを使わずに、スケールを中心としたプレイをしている人もいます。けれども、一般的にジャズっぽいと言われる演奏は、コードに対して高低差の大きいアルペジオ・フレーズが組み込まれているものです。こういう、ジャズの典型的なアルペジオを取り入れたフレーズを、特に“ビバップ・フレーズ”なんて言ったりするんですよ。

スケールだけだと、起伏のないプレイになりがちなので、アルペジオでコードの流れを作っていくんですね。

じゃあ、ジャズの人は弾いている音が何の音なのか全部わかっているものなんですか？

わかっている人が多いですね。ただ、全部の人がわかって弾いているわけではありません。超速弾きフレーズを弾いている時なんかは、完全にすべての音を把握しているかどうか、微妙なところです。

言葉を喋るということを考えてみるといいですよ。日本語を喋っている時って、どれくらいリアルタイムに言葉を把握しているでしょうか？　把握しているとも言えるし、細かいところではかなり大雑把にしか把握していないことがわかるでしょう。“さっき言ったことをここに書いて”って言われたら書けるし、もう一度同じことも言えるでしょう。でも、喋っている途中って内容を

それほど意識せずに発言しますよね？　ギターもその領域にたどりついたら堂々と胸を張ってジャズをアドリブで弾いていると言えるのではないでしょうか。

アルペジオはずっと練習していると何も考えずに弾けるようになるものなんですか？

そうです。喋るということでいうと、英語なんかも思い出してみて下さい。This is a pen.という文章があったとして、最初は“Thisっていうのはコレで、ペンはペンだから……”とかいろいろ考えないと言えなかったと思います。でも慣れてくると、日本語で考えなくてもペンを紹介する時に英語でThis is a pen.という文章がパッと浮かんでくるようになりましたよね？

同じように、C△7のドミソシだって、これから5年間、毎日8時間ドミソシ、ドミソシって弾いていたら、何も考えずにドミソシが弾けるようになると思いませんか？

これは最初が肝心で、“ここは何の音だ”というのをゆっくり弾いて確実に把握して、そこから速度を上げていくっていう作業が必須なんですね。タブ譜を読むような意識で、“ドミソシの音を弾いている”というのを意識せずにフレット数と指の形だけで覚えてしまうと、10年経ったって応用が利かないわけです。この違いを10年後の未来像として図に示しておきましたんで、しっかり見ておいて下さい（笑）。

ここまでで4つのコードしか弾いてないですけど、他のコードも同じような感じで弾けるんですか？

はい、ここで次回へつながっていきます。ここに示した4つのコードっていうのは、ドレミファソラシというCメジャー・スケールから作られたコードの中でも、最も頻出するものでした。もちろん他にもコードはたくさんあって、それをひもといていく中でひとつのキーワードになっていくのが、“ダイアトニック・コード”というものです。ちょっとかじったことがあるとか、言葉くらいは聞いたことがあるという人も多いかと思います。

次回は音楽理論の中でも非常に重要な基礎である、ダイアトニック・コードというものについて、じっくりやっていきましょう！

2章まとめ

CD TRACK 11

以下のまとめを読み、空欄を埋めてみよう。
わからない時は該当ページをチェック！

ジャズで使われるリズム・パターンは
（　　　　　）やボサ・ノヴァが多い

→P.37

C△7の構成音は
（　　　　　　　　）の4音である

→P.38

ジャズでコードを弾く時は
安定感のある（　　）度の音を省略することが多い

→P.41

ロックの力強さを日の丸弁当とするなら、
ジャズの多彩さは（　　　　　）弁当と言える

→P.42

アドリブの際、（　　　　　　　）を強調すると
コード進行の流れを感じやすい

→P.43

コードの構成音を順に弾くことを（　　　　　　）と言い、
ジャズでは基礎練習の一環になっている

→P.44

弾いてみよう!

CD TRACK 12

3章 コードの基本はダイアトニック

前回、コードに合ったアルペジオを弾くということを紹介していきましたけど、いろいろなコードを弾く上で必ず知っておきたいのが、“ダイアトニック・コード”というものです。

今日はそのダイアトニック・コードについて触れていきましょう。世の中にはいろいろな理論書がありますけど、ダイアトニック・コードというのは必ず載っているものです。ここではギタリスト向けになるべくわかりやすく、あまり堅苦しくならないように紹介していきたいと思います。

理論の入り口はダイアトニック

ダイアトニック・コードというと何やら非常に難しい言葉のような感じがして、いろいろな生徒さんの話を聞くと、理論書なんかを買ってもダイアトニック・コードあたりから怪しくなってくるというパターンが多いみたいです（笑）。言葉は知っているという方、結構多いのではないですか？

（半数ほど挙手）

そうでしょう、これが理論の入り口という感じですからね。ものすごく簡単に言うと、ドレミファソラシから作ったコードがダイアトニック・コードです。“ドレミファソラシから作った”と言っても全部の音を出鱈目に4音選び出すとなると収拾がつきませんよね。コードっていうのは一定のルールがあって、スケールの音を1音ずつ飛ばして重ねるというものです。そうすると、ドからドミソシ、レからレファラド、ミからミソシレ、ファからファラドミ……という感じで7つし

ダイアトニック・コード（Key＝C）

シ	ド	レ	ミ	ファ	ソ	ラ
ソ	ラ	シ	ド	レ	ミ	ファ
ミ	ファ	ソ	ラ	シ	ド	レ
ド	レ	ミ	ファ	ソ	ラ	シ
C△7	Dm7	Em7	F△7	G7	Am7	Bm7(♭5)

音階を1つおきに積んでいく

1 2 3 4 5 6 7 8 9 10

CD TRACK 13

か作れないことがわかります。これがその図ですね。

スケールから作っていくのがコードなんですね！　今までどうやって音を選んでいるんだかよくわからなかったんですよ。

この場合はドレミファソラシというメジャー・スケールから作っているので、"メジャー・スケールのダイアトニック・コード"という言い方をします。

ダイアトニック・コードを覚えておくと、ジャズを弾く上で何の得があるのでしょうか？　まず押さえておきたいのは、ドレミファソラシから作ったダイアトニック・コードの進行では、スケールを使い分けたりせずにドレミファソラシだけで弾けちゃうということです。

逆に言えば、この7種に含まれないコードが入ってきたら、そこはドレミファソラシではないスケールを使った方が良いのでは？というカンが働くようになるでしょう。だから、このダイアトニック・コードを知っていることで、スケール・チェンジが必要かどうかがわかるようになるんです。

ドミソシ、レファラドとギターを持って覚えていきましょうか。ドミソシ、レファラドと口に出しながらアルペジオを弾くことが大事です。指だけで覚えないようにしましょうね！

だいたいできるようになったら、コードを鳴らしてからアルペジオを弾くということを練習していきます。コード・フォームと構成音を関連させてしっかり覚えていくということですね。※まあ、最初は難しいと思いますけど、何回もくり返して練習して下さい。

※
アルペジオの練習
本書ではP78より。

まず、弾くより前にドミソシとかレファラドとかが覚えられません……。

ああ、そうですね、言葉として言えるようにならないと弾けないですから、弾く前にそこから行きましょうか。

覚えやすい方法っていうのもありますよ。ドレミファソラシっていうのは何も見なくても言えますよね？　ド～レ～ミ～ファ～ソ～ラ～シ～って歌うことは簡単でしょう。これを、途中の音をものすごく小さく言ってみて下さい。ド（レ）ミ（ファ）ソ（ラ）シ……という感じ（笑）。ほら、言えるでしょう？

レミファソラシドとか、ミファソラシドレとか、つながっていると簡単に言えるんですよ。それを利用して、飛ばす音を小さく言うという。で、慣れてきたらレファラド、ミソシレと言えるようにしましょう。

でも、これって楽をしているように見えて、実は非常に応用の利く覚え方なんです。単純にドミソシ、レファラドと機械的に覚えていくと、今度は間に入っている音がよくわからなくなってしまうということもあるんですよ。

コード・ネームのルール

このような練習を続けて、ダイアトニック・コードそれぞれをアルペジオで弾けるようになってきたら、それぞれのコードを詳しく見ていくのが良いでしょう。なんでこんな名前が付いているのか？　マイナー・セブンス・フラット何とかみたいなコード※、見たことないぞ!?　という人もいると思いますので。

あ、確かにそのコードはよくわからないです(笑)。

※
m7(♭5)
読み方はマイナー・セブンス・フラット・フィフス。またはマイナー・セブンス・フラット・ファイブなどとも。

これらのコードは明確なルールにのっとって命名されています。それを覚えれば、名前だけで構成音がわかります。そのルールをここから解説していきますね。

図で各音がどれだけ離れているか見てみましょう。出発点を同じところに置いてみると、ドからミが2音離れているのに対して、レからファは1.5音なんですね。同じ3度でも半音違うということになります。これがコードにメジャーが付くかマイナーが付くかという差です。この図を見ると、間の数

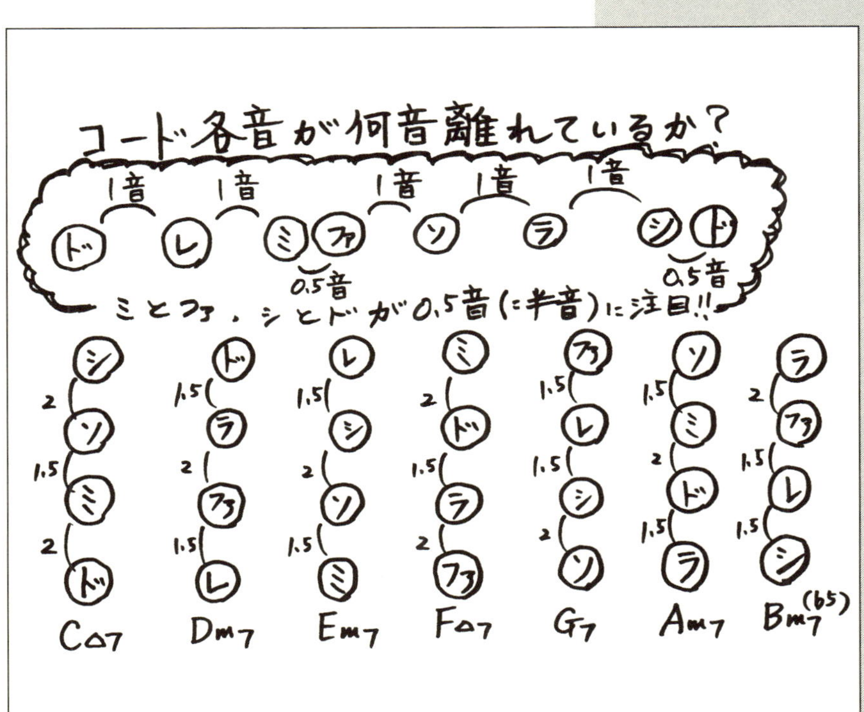

字が違うのがわかりますよね？

あの、2音っていうのは2度ではないんですか？　ドから見たらレ〜ミと数えて、2番目がミになりますけど……。

度数っていう数え方では、“ゼロ番目”っていうのがないんです。最初の音が1番目＝1度で、2番目の音が2度、3番目の音が3度なんですよ。すると、同じ3度といっても1.5音になっているコードと、2音になっているコードがあるわけです。そして、3度が1.5音だとマイナー・コードに、3度が2音だとメジャー・コードになるんですね。

ああ、なるほど、最初の音が1度だから、同じ“3度”でも同じ間隔ではないんですね。

そうです。指板上で見てみると、1.5音だと距離が短いから、短3度。2音だと距離が長いから、長3度という言い方をします。英語だと、短はマイナーで小文字のm、長はメジャーで大文字のMや△と省略されます。

同じように5度にも3.5音の完全5度と3音の減5度っていうのがあって、完全はP5th、減5度は♭5thなどと書かれます。

7度は5音だと短7度、5.5音だと長7度と言って、短だとm7th、長だとM7thや△7thと略せます。※

だから、さっき話に出たマイナー・セブンス・フラット・フィフスっていうのは、ルート、m3rd、♭5th、m7thの4音から成り立つというのが、コード・ネームから判断できるわけですね。

駆け足で解説しましたけど、この表にはそんなこともすべてまとめてありますので、トイレの壁に貼るなり、ベッドの上の天井に貼るなりして、しっかり覚えておくととても役に立ちます。

これは、全部覚えられるか心配だな〜。ベッドの上に貼っておいたら悪い夢を見そうです(笑)。

この辺のことは、時間をかけてもじっくり覚えていってもらいたいですね。ジャズではなくても、どんなジャンルの音楽をやるにせよ、必ず役に立つ部分ですから。

ロックを弾いていると、マイナー・ペンタを覚えたあたりから、ある程度のロック的

※
英略記の読み方
m＝マイナー
Mまたは△＝メジャー
P＝パーフェクト
dim＝ディミニッシュト
aug＝オーギュメンテッド

なソロは弾けてしまうので、バックに何のコードが鳴っているか、コードに対してどの音が合うかなどはあまり考えないものです。でも、それだけではやっぱりジャズを弾くことはできないということで、コードの成り立ちを解説してみました。今すぐ全部を覚えようとせず、この図を自分で書き写すなりして、時間をかけて覚えて下さい。

コード進行の法則

ダイアトニック・コードを使ったコード進行には、作り方というか、つなげ方にもある程度ルールがあります。それがコードの機能というものになります。

とは言ったものの、やる気をそぐようで恐縮ですが、コード進行に厳密なルールはありません（笑）！　結論から言うと、カッコ良ければいいじゃんっていう世界ではあります。

あんまり理論的じゃないんですね（笑）。

ただ、こんな感じで並べるとスムーズに聴こえるよという、理論というよりはかなり

1 2 3 4 5 6 7 8 9 10

ゆるい法則はあるんですね。例えば典型的なコード進行っていうのがあって、ちょっと聴いていると、次はこのコードが来るだろうというのが容易に想像できるわけです。

でも、次が簡単に想像できる曲ばっかりだったら、やっぱり飽きちゃいますよね？　だから、実際の曲には次があまり想像できないようなコードも配置されています。どこまでがルールに従ったコード進行で、どこからが意外性のあるコードなのか、この見極めをするためにも、コード進行のルールをちゃんと知っておくことが大切なんですね。

くり返し言っていることですが、基本をちゃんと押さえた上で、それをあえて裏切るようなことをするというのがジャズでは非常に多いわけです。裏切るというと、まるで六法全書を熟読して法の網をくぐり抜ける、みたいなダーティな香りがただよいますね（笑）。

あえて基本を裏切るということで、ちょっとピンときたことがありました。一昨日寿司屋に行った時のことなんですが、最近の寿司屋ってかなり突拍子もないネタが登場しますよね。ツナ＆コーンの軍艦なんかはまだかわいい方で、豚塩カルビとかアボカド

1 2 3 4 5 6 7 8 9 10

とか。例えばこれが銀座の高級寿司屋で出されたものだったら、食べる前に安心感があるものです。寿司を熟知した人が考えたものだったら間違いはないだろうと思うわけですね。ところが、どこか無国籍風なお店で“オー、スシね！　OK、ノー・プロブレムよ”みたいなところで出された変わりダネの寿司には何となく身構えてしまいますよね？　本当においしいのかな？っていう。

……要するに何が言いたいかというと（笑）、基礎のないところで無茶をやったらデタラメで、基礎をしっかりやった上で冒険すれば新たな文化も生まれるだろうということなんですね。

銀座の高級寿司屋ですか……行ったことないです。さすがですね〜。

あ、いや、違いますよ。僕が行ったのは近くのファミレスに替わってできた、回転寿司です（笑）。こんな話をしつつ、僕は海老アボカドが好きなんですけど（笑）。

さて、コード進行に話を戻しますと、スムーズに聴こえる基本的なコード進行についてちゃんと勉強しておくことで、そこからあえて外したコード進行のこともより深くわかってくるわけです。特に、ジャズにおいてはバックで実際に鳴っているコード進行に対して、別のコード進行を勝手に想定してアドリブをするということもあるので、コードとコード進行の関係をしっかり理解することは必須なんですね。

音楽史においてはまったく基本を知らない人が今までにないスタイルを作り上げて、一時代を築くということもあります。でも、そういうスタイルって大抵が一時的なブームで終わってしまうことが多いものです。普通はこう行くだろうっていう通常の感覚を理解し、いつでも普通に戻れるからこそ、ぶっ飛んだこともできると僕は思います。

コード進行と日常生活

話を戻して、ダイアトニック・コードの7種類を全部ザッと並べましたけど、同じ4音のコードでもそれぞれのコードっていうのはすべてが並列の関係というわけではなく、ある種の性格、キャラクターというものがあります。例えば、“明るく落ち着いた感じ”とか、“とても暗くて絶望感がある”、“不安

1
2
3
4
5
6
7
8
9
10

でたまらない”などです。

まずはこのキャラクターごとに分けるというところから始めます。まあ、だいたい理論書なんかを買うと、この辺で挫折する人がほとんどですね（笑)。とりあえずあとで読もうと思って本棚に入れておいて、引っ越しか何かで出てきて古本屋に持っていったら値段がつかないという……まあ、僕の昔話ですけど（笑)。なんで挫折しやすいかっていうと、話が抽象的すぎていまいち実感が湧かないということがあるでしょう。だから、ここではできるだけわかりやすく、極めて人間くさいドラマを交えて紹介していきたいと思います。

うしろにいらっしゃるリットーミュージックの編集担当の橋本さんですが、高校時代のご自宅はどこでしたか？

え？　こっちに話が来るパターンがあるとは思ってませんでした（笑)。千葉県松戸市にある、五香っていう駅です。新京成電鉄※っていうローカルな私鉄ですね。

はいはい、ではここに電車と自宅を書きます。高校はどこだったんですか？

※
新京成電鉄
松戸駅（千葉県松戸市）と京成津田沼（同船橋市）を結ぶ私鉄。もともと旧日本軍が訓練用に使っていた線路が民間に払い下げられたものなので、非常にカーブが多いことで鉄道ファンに知られる。

松戸市の隣の船橋市にある、千葉県立Y高校っていうところでしたね。

新京成電鉄で高校に通っていたということですね？　ここに図を書きましょう。五香の自宅、通学に使う新京成電鉄、Y高校……と。この3つに大きく分けたとしましょう。そして、自宅にトニック、新京成電鉄にドミナント、Y高校にサブドミナントという名前を付けます。みなさん心配しているようですが、あとでちゃんとコードの話にな

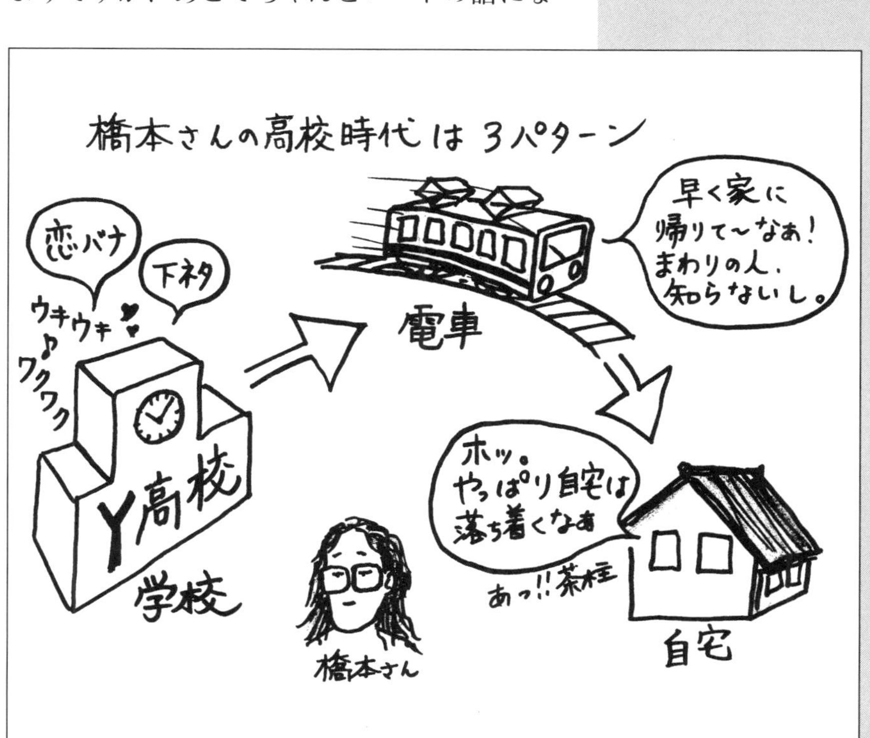

りますから（笑）！

　では皆さん、ここで橋本さんの気持ちになってみましょう。

僕なんかの気持ちになっていただいて恐縮です（笑）。

　高校にいたりすると、好きな子ができたりして、友達と相談したりできます。どうしようもない下ネタで盛り上がったりとか、ちょっと悪い遊びを覚えたりとか（笑）。そういった具合に学校っていうのは人格が開放できる自由度の高い場ですよね。でも、高校でシャワーを浴びたり、着替えを何日分も持ち込んで寝泊まりしたりっていうことは、あまり考えられないと思います。ということは絶対に家に帰る必要があるわけです。

　そんなわけで、新京成電鉄に乗り込みましょう。電車にガタンゴトンと揺られて家路につきます。

　いざ自宅についてご飯を食べたりお風呂に入ったりすると、ホッとした気持ちになったりするものです。このホッとした感じというのは、学校では得られない感情ですよね。くつろぎ感とでもいいましょうか。

ここで大事なのは、ホッとした感覚っていうのは、家にずっといたらあまり感じることができないんですよ。外出して学校生活というものがあったからこそ、それと比較してホッとした感覚が生まれてくるわけです。

学校も友達がいたりして安定感っていうのはあるんですけど、そこで暮らせるわけではないということでは一時的な安定感です。

電車に乗っている時っていうのは、移動しているわけですから、安定か不安定かと言えばもちろん不安定な感じです。それに、

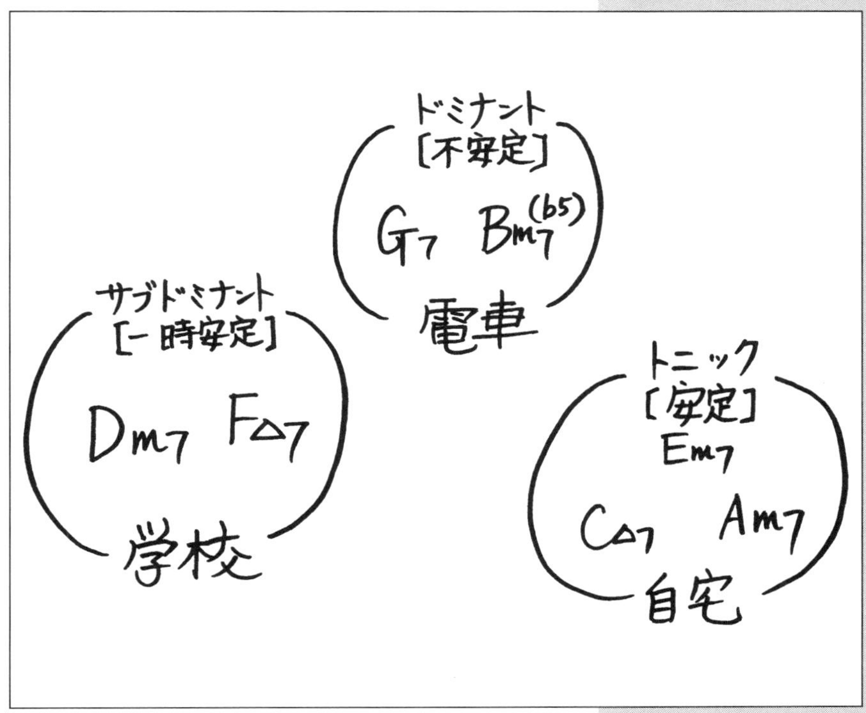

電車の中っていうのは知らない人たちがいっぱいいますからね（笑）。

で、長くなりましたが、これがコードを分類する時の3つの要素である、トニック、サブドミナント、ドミナントというものに対応しています。名称が難しいような感じがするので身構えてしまうかもしれませんが、トニックが安定、サブドミナントが一時安定、ドミナントが不安定という意味です。

ダイアトニック・コード7種類をこの3つに分類すると、図のようになります！

自然に聴こえる流れとは?

CD TRACK 14

ジャズでよくあるパターンというのは、Dm7→G7→C△7というコード進行です。あとで説明しますけど、これはツー・ファイブっていうコード進行になります。これをさっきの分類表に当てはめてみると、サブドミナント→ドミナント→トニックという流れになっていますね？　橋本さんの高校生活で言うと、学校→電車→自宅という流れです。だいたいこの流れがコード進行では基本になっているんですね。学校→電車→自宅という人生のサイクルをくり返すというように、音楽にもサブドミナント→ドミナント→トニックというサイクルがあります。これが多くの人にとって自然に聴こえるっていうことです。この流れを意識しながら弾くことで、アドリブもどこを盛り上げてどこに重心を置いたら良いのか、などがわかるわけです。ドミナントで盛り上げて、トニックで落ち着かせるというのが基本になるんですね。

本当にコードの話に戻るんですね（笑）。

一応そこはちゃんと……実は根が真面目なんです（笑）。

安定した音、不安定な音

さてさて、ちょっと話は戻りまして、この3種類の分類についてですけど、なぜこのような分け方になっているかを見ていきましょう。何を根拠にして、“安定度が違う”と言っているかですね。

ドレミファソラシから作られているのがダイアトニック・コードなんですけど、ドレミファソラシという7音は、そもそも単音だけでもそれぞれに性格が違うものなんです。どれもが横並びの関係ではなくて、落ち着く音や落ち着かない音があります。ド、ミ、ラなんかは安定した音で、ファやシというのは不安定な音です。G7というドミナントはファとシという不安定要素をふたつ含んでいて、とても不安定です。同じようにBm7$^{(\flat 5)}$もファとシが入っていますね。※だからドミナントです。

※
構成音のチェック！
【ドミナント】
G7＝ソ・シ・レ・ファ
Bm7$^{(\flat 5)}$＝シ・レ・ファ・ラ

へぇ〜、普段コードを弾いている時、そこまで意識していませんでした。

そうなんですよね。単純にC△7とかDm7とかをコード・フォームだけで押さえていても、なかなかこういうことは見えてきません。これからは、できるだけ構成音がパッとわかるようにしておきたいですね。

続けましょう。ドミナントは良いとして、サブドミナントはどうなっているでしょうか？　これは、サブドミナントにはある音が含まれていて、トニックには入っていないんです。何だかわかるかな？　構成音を全部書き出してみましょう。※わかった人から早押しでどうぞ（笑）。

※
構成音のチェック！
【サブドミナント】
F△7＝ファ・ラ・ド・ミ
Dm7＝レ・ファ・ラ・ド

【トニック】
C△7＝ド・ミ・ソ・シ
Em7＝ミ・ソ・シ・レ
Am7＝ラ・ド・ミ・ソ

…………あ、ファです！

そうですね！　サブドミナントにはファの音が含まれていて、トニックには入っていないんです。サブドミナントというのは安定しているんだけど、少し不安感もある。これっていうのは、ファの音を含んでいるがために感じられるわけです。でもドミナントほどではないから、ちょっと安定した感じがあるんですね。

そんな3種の分類について紹介してきましたけど、これが演奏において一体何の役に立つのかというと、さきほどトニック・コードにはファがいないという共通点があるという話をしました。トニックの時にアドリブでファを伸ばしすぎるとミス・トーンっぽく聴こえることがあるのは、このためです。どの音で落ち着いて、どこが不安定なのか知っていると、自分が弾こうとしている音がどんなイメージなのかがわかるようになって、アドリブの確実性っていうのも上がってくるわけなんですね。

CD TRACK 15

何の音で伸ばすとか、考えながらアドリブをしているんですね。

慣れていると音名などは考えずに“この音が俺の出したい音だ！”と直感的にわかってくるんですけど、最初は知識を活用することで、だんだん自分の弾きたいようにアドリブが弾けるようになるんですね。

ジャズでは、このトニック、サブドミナント、ドミナントという役割を理解することがすべてにおいて基礎になってきます。それを踏まえて、ここからジャズに多いコード進行へ行くんですが、それが“ツー・ファイブ”というものです。ではまた次回！

日常の中でのトニック、サブドミナント、ドミナント

サブドミナント	ドミナント	トニック
ディズニーシー ⇒	帰り道渋滞 ⇒	自宅
大学一人暮らし ⇒	新幹線 ⇒	実家
キャバクラ ⇒	タクシー ⇒	家族
ヤフオク検索 ⇒	ぽちっと入札 ⇒	落札
洋風居酒屋ファンタジー ⇒	自転車 ⇒	自宅
浮気 ⇒	発覚 ⇒	離婚 or よりを戻す

3章まとめ

CD TRACK 16

以下のまとめを読み、空欄を埋めてみよう。
わからない時は該当ページをチェック！

キー＝Cにおけるダイアトニック・コードは
（　　　　　　　　　　）の7音から成る

→P.57

Bm7$^{(\flat5)}$ の構成音は
（　　　　　　　）の4音である

→P.61

短3度の音程は（　　　）音の距離、
長3度の音程は（　　　）音の距離

→P.62

キー＝Cのダイアトニック・コードでは、
トニックは（　　　　　　　　　　）の3つ

→P.71

サブドミナント→（　　　　　）→トニック
という流れはとても自然に聴こえる

→P.72

ドミナントには（　　）と（　　）という
2音が必ず含まれている

→P.74

弾いてみよう!

CD TRACK 17

3章　コードの基本はダイアトニック

4章 コードの機能を見てみよう

1
2
3
4
5
6
7
8
9
10

前回、ダイアトニック・コードをトニック、サブドミナント、ドミナントという3種類に分類しました。それから、サブドミナント→ドミナント→トニックという流れはとても自然に聴こえるということも触れましたね？

このルールにのっとった、最もジャズで多用されるコード進行に“ツー・ファイブ・ワン”と呼ばれるものがあります。キーCにおいては前回も弾いたDm7→G7→C△7という進行なんですけど、このコード進行を組み入れたものを弾いてみましょうか？

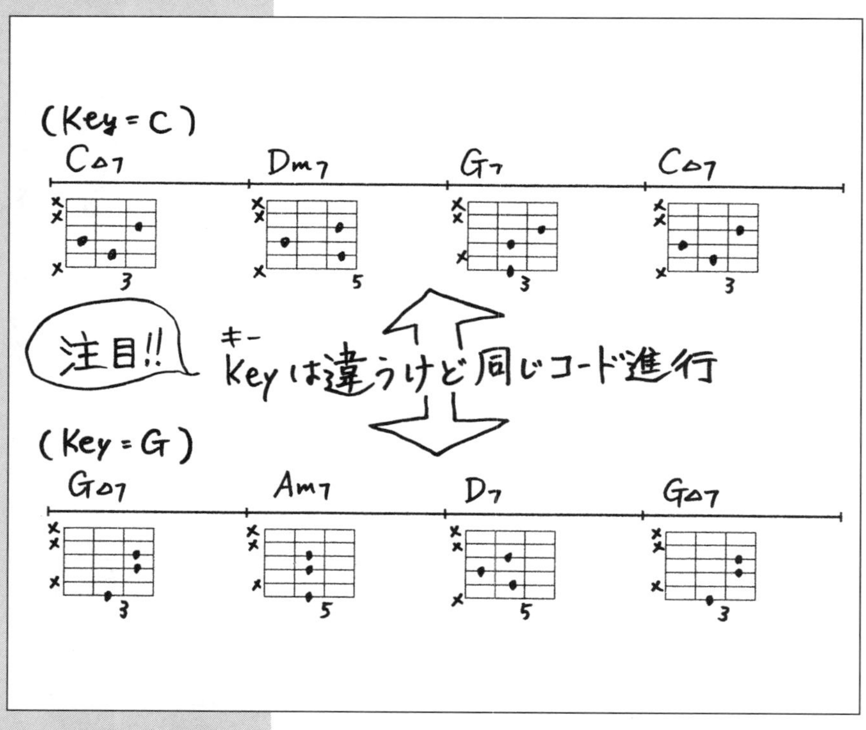

CD TRACK 18

C△7→Dm7→G7→C△7　はい、どうでしょうか？

え、どうと言われても、滑らかというか普通というか……取り立ててコメントがないような印象ですね（笑）。

そう、まあいわゆる最も普通に聴こえるコード進行ですね（笑）。

で、このコード進行そのものは置いておいて、これと同じコード進行を別のキーで弾いたらどうなるのかな？っていうのが今日の最初のトピックです。

例えばGのキーで同じようなコード進行を弾きたいとしましょう。カラオケなどでは“ちょっと高いからキー5つ下げて”という会話がよく飛び交いますが、ちょうどそんな感じです。

Cの音から半音を5つ分下げると、Gの音になります。※こんなコードになりました。

G△7→Am7→D7→G△7　さっきと比べてどうですか？

※
C音の5つ下
6弦8フレットのC音から、5フレット下がってみよう。すると6弦3フレットのG音にたどり着くというわけだ。

CD TRACK 19

音の高さは変わりましたけど、確かに同じコードの流れだと思いました。

そういうことなんです。カラオケでキーを変えても“違う曲だ”とは思わないですよね。つまりコードの流れは一緒なんです。それなのに、このふたつのコード進行を別モノとして新たに覚えるってのは面倒ですよね。エコな時代に逆行してますし。

エコとは関係ないと思いますけど（笑）、全部新しく覚えたら面倒ですね。

それを整理して覚える労力を最小限にする方法、それが理論書でお馴染みのローマ数字なんです。ローマ数字っていうのはIとかIIとかIIIのような表記で、海外モノの時計に多いですね。ローマ数字を使ってさっきのコード進行を書くと、こんな感じになります。

I△7→IIm7→V7→I△7

あ、見たことあります……これを見てると頭がぼーっとしてくるような（笑）。なんでローマ数字なんですか？

それは僕も知らないんですが……（笑）。コード・ネームの中の7とか5とかと重ならないようになど、歴史的にはいろいろ理由があるんでしょうけど、普通のアラビア数字はセブンスとかナインスとかの構成音を示すのに使い、ローマ数字はそのコードが1番目のコードから見て何番目であるかというのを示すのに使われています。

でも、ローマ数字を見ても、何の数字だかよくわからなかったりして、それが原因で音楽理論に挫折してしまう人が実に多いんです（笑）。これは大変もったいない話ですから、ここでローマ数字の読み方に少し触れてきましょうか？　わかっている人はお弁当を食べるなり仮眠を取るなり、好きにお過ごし下さい（笑）。

ローマ数字はコレで読める!

ローマ数字は1と5と10が基本になっています。1はIという字、アルファベットのアイです。5はVでブイですね。10はXでエックスになります。

例えば1、2、3までは、I、II、IIIというように、棒が1本ずつ増えていきます。4になると、“ほとんど5に近い数字だよ”ということで、5であるVの左にIを書いて、IVという表記になります。VからIを引いているという意味です。

Vの次からは、右側に1本ずつ足していって6がVI、7がVII、8がVIIIという形になります。9は10に近い数字なので、XからIを引いて、IXと書きます。

音楽の世界には8以降の数字は必要ないですけどね（笑）。この数字、読むのは慣れれば良いとしても、このまま計算するのがめちゃくちゃ大変です。実際に使っていた中世ヨーロッパの人たちも苦労していたようで、3ケタの計算ができるとそれだけで"計算屋"として生計が立てられたと聞いたことがあります（笑）。※

それはともかく、音楽理論ではこの表記が慣例であるので、ローマ数字を見たらパッと何番目のコードであるかわかるようにしておきましょう！

※
ローマ数字の計算
余談。グーグルの検索窓に計算式を打ち込むと答えが表示される"Google電卓機能"というものがあるが、ローマ数字もちゃんと計算してくれる。VII + II + III + XX などでも完璧！（ただし答えもローマ数字）

コードを数字に置き換えると?

そんなわけで話をコードに戻しまして、前回見たCメジャー・スケールのダイアトニック・コードをローマ数字のコードに置き換えてみましょう。C△7を1とすると、ローマ数字表記ではI△7になります。その時、例えばF△7はいくつになるかわかりますか？

Fってファですよね？　ドから見て、レ〜ミ〜ファだから3じゃないですか？

いやいや、これはですね、“何番目”っていうのが大事なんですよ。だから“ゼロ番目”っていうのはないんです。度数の時と同じです。C△7が1番目であって、Dm7が2番目、Em7が3番目だから、F△7は4番目になるんですね。このローマ数字は全部、“何番目”であって、ゼロは存在しないことに注意して下さい。※

その点に留意しながら書き出してみると、こうなります。

C△7＝I△7

Dm7＝IIm7

Em7＝IIIm7

F△7＝IV△7

G7＝V7

Am7＝VIm7

Bm7(♭5)＝VIIm7(♭5)

※
ゼロ
そもそもローマ数字にはゼロという概念がないため、対応する表記が存在しない！

既に軽く頭痛が……（笑）。

ローマ数字は見慣れてくれば普通の数字と変わらないように読めますから、慣れるまでちょっと頑張ってみて下さい（笑）。

この数字を使って考えてみると、キーを変えて弾く時にとても便利なんですね。さっきのGのキーに移調した例に戻ってみましょう。

Gのダイアトニック・コードっていうのは次の7つです。

G△7＝I△7

Am7＝IIm7

Bm7＝IIIm7

C△7＝IV△7

D7＝V7

Em7＝VIm7

F♯m7(♭5)＝VIIm7(♭5)

で、これを使ってI△7→IIm7→V7→I△7っていう順番に弾くと、G△7→Am7→D7→G△7というコード進行になるわけです。ほら、簡単に移調できましたよね？

つまり、ローマ数字で捉えることによって、個々のコードにとらわれることなく、コードの流れをしっかり理解することができるようになるんですね。

別のキーに移調して下さいって言われても、もとのコードの数字さえ見抜けるようになれば対応できるようになってきます。そして、あとでやりますけどジャズは部分的にキーが変わる進行がとても多い音楽なんですね。だから、この辺が理解できていると、とても役立ってくるんです。

ラップにして覚えよう

大事なのは、どんなキーに行っても、メジャー・スケールが基本になっている限りは、1番目のコードから見た位置関係やコードの種類は変わらないということです。Iだったら必ずメジャー・セブンスだし、Vだったら必ずセブンスになります。

でも、前にコピーした曲でキーがCなのにGm7というコードが入ってたんですけど、これは理論的にはおかしいんですか？

いえいえ、そんなことはないですよ。世の中には数限りなくコードが存在していますから、キーCでGm7を使うのももちろんアリです。そんな時に、ダイアトニック・

コードを知っておくと“普通ならG7になるところがGm7になっている。ということはCメジャー・スケールでは弾けないんだな！”というように、カンが働くようになるんです。そのためにもダイアトニック・コードを覚えておくことは非常に重要なんですよ。

読み方を書きますので、これをラップ調にしてだんだん早く言っていくという訓練をしましょう（笑）！

CD TRACK 20

I△7　イチ・メジャー・セブンス
IIm7　ニ・マイナー・セブンス
IIIm7　サン・マイナー・セブンス
IV△7　ヨン・メジャー・セブンス
V7　ゴ・セブンス
VIm7　ロク・マイナー・セブンス
VIIm7(♭5)　ナナ・マイナー・セブンス・フラット・フィフス

これが終止形デンス

はい、では次に“ケーデンス”というものを紹介しましょうか。ケーデンスっていうのは日本語で言うと“終止形”っていう言葉になるんですけど、このままではちょっと意味がわかりづらいですね。

ケーデンスと“終止形”がうまく結びつかないという人には、和洋折衷で“終止形デンス”という覚え方もあります。

なんか、余計にややこしいですよ（笑）。

あ、やっぱり……。僕もそう思ってました（笑）。ケーデンスっていうのは、簡単に言うと“終わったなぁと感じるコード進行”のことです。

わかったような、今ひとつイメージがつかめないような……。

身近な例を挙げてみましょう。ケーデンスといえばこれ！っていうのが、みなさんの身近なところにもあったんです。

これは皆さんが義務教育の現場において9年間に渡って洗脳されていた、というと言葉が悪いですね（笑）。音楽の授業などでよく慣れ親しんでいたものです。弾いてみますよ！

CD TRACK 21

あ、起立、礼、着席、ですね！

ぴったしカンカン！　これこそが、ケーデンスの鑑ともいえる、終止形のエッセンスが濃厚に凝縮されたパターンなんです。この時のコードが、C（起立)、G7（礼)、C（礼戻る)、着席（声だけ）になっているというわけなんですね。

着席のところはコードがなかったんですね。今初めて気がつきました（笑)。

意外とそこは盲点なんですね（笑)。ところで、もし先生が礼のG7コードを鳴らしたままで5時間粘っていたらどうですか？

それはさすがに厳しいですね。5分でもかなりキツいですよ！

そうですよね。礼の体勢を続けるのはつらいわけです。同じようにG7っていうのも長く続けるのがつらいというか、早くもとに戻りたいというイメージを持ったコードで、言い換えれば不安定なんですね。このG7→Cの部分が、最も原始的なケーデンスになっているわけなんです。

ちなみに、クラシックの世界ではカデン

ツァとかカデンツとか言ったりします。ちょっとした豆知識です（笑）。というわけで終わった感じのする進行という、ケーデンスの意味はわかっていただけたかと思います。

これが代理コードだ!

前回、ダイアトニック・コードの役割というものを編集の橋本さんの高校時代になぞらえて紹介してきたんですけども、前回で使ったコード進行の例も実はケーデンス

1 2 3 4 5 6 7 8 9 10

だったんですね。それを、ローマ数字を使ってさらに整理していきたいと思います。

さっき弾いたG7→Cの場合ですが、橋本さんの乗っていた新日軽電鉄でしたっけ？

（最後列から）いえ、新京成です！

（笑）そうそう、G7→Cというのは新京成電鉄に乗って、そのまま自宅に帰るというドラマしかないわけです。ドラマとしてはあまり面白みがないですよね？

帰ってくるだけですからね。

そうです。つまり、自宅に帰った時に、何に対して落ち着いた感じになっているかという、比較対象がないんですよ。だから、一番わかりやすいのは学校生活という比較対象を見せておいて、その上で家に着いたらホッとしたという構図を見せることで、家のありがたみを理解することができます。その代表例が、F△7→G7→C△7になります。よりドラマチックに、落ち着いた感じがしますよね？　これもケーデンスです。

CD TRACK 22

サブドミナントにはもう一種類ありました

よね？　覚えている人はいますか？

Dm7でしたよね※？

そうです！　これもサブドミナントということで、学校生活を表わすコードです。ただ、響きとしてはマイナー・コードなのでちょっと物悲しい感じがします。切ないと言った方が良いかな？　Dm7切ない→G7電車に揺られて→C△7家に帰ってきた……コードがひとつ違うだけでも、雰囲気が変わりましたね。流れは一緒だけど、色合いが違うという感じです。

つまり、役割が同じコード同士は差し替えが可能だということになります。同じメロディがあったとしても、コードを入れ替えても成立するんですね。同じメロディでも全体の雰囲気が変えられると言うことで、アレンジの時に非常に便利なんです。これを“代理コード”といって、あらゆるジャンルで使われているんですけど、ジャズだと特にこれが重要になります。代理コードを使っても、ケーデンスは維持されます。

F△7→G7→C△7で歌ってみましょう。“がっこうは～とてもたのしかった～”。はい、

※
サブドミナント
キー CではF△7とDm7の2種。しっかり覚えておこう！

CD TRACK 23

CD TRACK 24

同じ歌をDm7→G7→C△7で歌ってみましょう。“がっこうは～とてもたのしかった～”……雰囲気が随分変わりました。

本当は楽しくないことがあったような感じですよね（笑）。

ちょっと切なくなるんですね。この時、F△7に対してDm7のことを代理コードと言います。逆に、もともとDm7で作曲したものに対してF△7に差し替えたら、F△7の方が代理コードになります。

最も一般的なケーデンスはF△7→G7→C△7という進行なんですが、ジャズでは特にDm7→G7→C△7の方が使われます。さっきのローマ数字で言うと、IIm7→V7→I△7です。これがジャズに頻出する“ツー・ファイブ”という流れなんですね！　この“ツー・ファイブ”というのはのちのちまで出てきますから、IIm7→V7という流れがツー・ファイブだと必ず覚えましょう。

悲しい結末の代理

はい、引き続き代理コードです。サブド

ミナントの代理について見てきましたけど、トニックも代理することができます。

こんな場合を考えてみましょうか。いつものように家に帰ると、隠しておいたいかがわしい本のコレクションが勉強机の上に整理されて置いてある（笑）。そうすると、家に帰って安定はしているんだけど、とっても悲しい気分になりますね。そのような雰囲気になるのが、C△7をAm7に代理した時です。

それは実体験なんですか（笑）？

いえいえ、ただの一般論ですよ（笑）。“がっこうから～いえに～かえったら～、あのほんが、つくえのうえにおかれていた～”。家に帰ってホッとしているのは間違いないんですが、どうにも悲しい気分というのが伝わると思います（笑）。

CD TRACK 25

このように、トニック内、ドミナント内、サブドミナント内の各コードは代理することが可能なので、それぞれの間柄を代理コードと言うんですね。

と言ってもですね、その役割を果たせる度合いというのはコードによって違ってい

1 2 3 4 5 6 7 8 9 10

て、Em7というのはトニックのグループに居座っていますけど、C△7やAm7に比べると落ち着きがないというか、ちょっと座りが悪い感じになります。

ということは、差し替えにもルールがあったりするんですか?

ある程度あります。差し替えようとした代理コードとメロディがぶつかってしまう場合、これはダメな可能性が高いと言えます。ただ、それもNGとは言い切れないので、曲調に応じてその人のセンスで使い分けることになります……という、玉虫色的な回答になってしまいますが(笑)。

ただし、代理コードを知っていることによって、コードを差し替える試行錯誤の手間が省けてアレンジ作業が楽になるのは間違いありません!

ケーデンスに話は戻ります。学校→電車→自宅という基本以外にも、いろいろなケーデンスがあります。例えば、こんなものがそうです。

家にいて、片思いの女の子のことを思い出して“ああ〜、明日も会えるかな〜”なんて思って、だけど実際はコタツに入ってホッとしているという。これは電車に乗って帰ってくるというドミナント的な要素がないので、トニック→サブドミナント→トニックという感じですね。コードにするとC△7→F△7→C△7などが考えられます。どういう印象ですか？

CD TRACK 26

なんかあっさりした感じですね。

そうですね。あまりガツンと強くはない、夢想的なケーデンスと言えます。

ジャズらしいケーデンスとは?

さて！　ここからがジャズらしくなっていくところです。とりあえず概要というか、こんな方法があるということを説明しますから、あとで家に帰ってからギターで弾いてみて、音を出して理解して下さい。

このコード進行を聴いてみて下さい。

C△7→E7→Am7　どうでしょうか？

CD TRACK 27

なんか、すごい暗い感じですよね。絶望的な感じ。でも、Eがルートのコードって、Em7では？

鋭いですね！　確かにCメジャー・スケールにおけるダイアトニック・コード的に言えば、本来はEm7になるはずです。このE7コードの構成音はミ・ソ♯・シ・レというもので、Cメジャー・スケールから外れたソ♯の音が入っているんです。

でも、聴いても間違えちゃったっていう違和感はないっていうか、これが普通かな〜と思います。

そうなんです。ソ♯が含まれているのには、ちゃんとした理由があるんですよ。それにはスケールからの理解が必要になってきます。

今回はコードの流れについてやっていますけど、スケールの話にちょっと戻りましょう。え〜、ドレミファソラシというCメジャー・スケールは、どの音が落ち着いた感じがするのでしょうか？

ド、ですか？

そうですね。ドの音っていうのはどっしりと明るく落ち着いた感じがします。他にももうひとつあります。これは先に結論を言いますと、ラの音です。だから落ち着くのは、ドとラの音です。ドレミファソラシ〜ドシラソファミレ〜、ド！　はい落ち着きましたね。ドレミファソラシ〜ドシ〜、ラ！　これも落ち着きました。これは僕の弾き方の問題じゃないんですよ（笑）。試しに他の音でも落ち着いた感じがするかどうか、自分で弾いてみて下さい。稀にというか、僕の教室では過去にたったひとりだけレの音で落ち着くと感じる人がいました。そういう捉え方も民族音楽なんかにはあり得るんですが、ここでは一般的に落ち着く音とされる、ドとラに限定して考えていきましょう。

CD TRACK 28

今まで説明してきたのはドで落ち着くようなコード進行でしたが、ラで落ち着くのも考えてみましょう。ラで落ち着く時にメロディがミファソラ〜と上がっていったとします。落ち着く音であるラの前はソの音が来てますけど、“もう一声！”という余地があるのがわかりますか？

音が隣になっていないってことですか？

ソとラだと全音離れているから……。

1 2 3 4 5 6 7 8 9 10

※
ソとラの位置関係

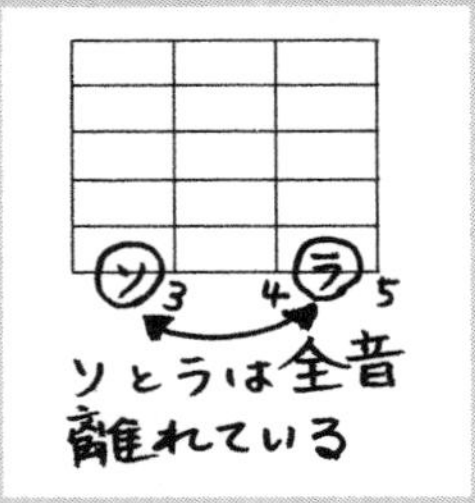

このように間に1フレット分の開きがある。

そうなんです。ソの音を伸ばしていよいよラの音に落ち着こうとしても、全音離れているから今ひとつ盛り上がらない。だから、メロディはさらに半音上がってソ♯の音に変化し、“は、早くラの音を……！”という状況になるわけです。

ドで落ち着く時もそうなるんですか？

いえ、ドの下にある音はシで、シとドは半音しか離れていません。だからドに落ち着く場合は、音階の変化はないんです。

なるほど。

というわけで、さっきのコード進行の場合は、ラで落ち着く手前にソ♯を含むE7を配置したことで、感極まったスムーズな流れになっているんです。

専用のドミナントを作る!

気をつけてもらいたいのは、E7というコードはCメジャー・スケールのダイアトニック・コードではないということです。Eがルート音のEm7っていうのはトニックのグループのコードだったんだけど、E7になるとトニックではありません。だったら何なの？というと、ドミナントになります。普通のドミナントじゃなくて、Am7だけに対するドミナントになっています。

こういった“何々のコードに対するドミナント”っていうのを割り込ませて複雑化しているのがジャズの特徴です。

う〜ん、Am7へのドミナントがE7だということは何となくわかったんですが、ドミナントの話とかケーデンスとか、ちょっと混乱してきました（笑）。

はい、僕もそろそろこのあたりが潮時だと、みなさんの顔色を見て思っていたところです（笑）。

今日はすでにかなり頭がいっぱいだと思いますので、あとあとまで登場する重要なケーデンスを紹介して終わりましょう。それが最初にも触れたツー・ファイブというものです。C△7に行くツー・ファイブだったら、ツーがIIm7でDm7になり、ファイブはV7でG7になりますので、Dm7→G7→C△7です。

落ち着く先のコードが、暗い雰囲気のAm7だったら、ツーにあたるのがAm7のひとつ上のコードでBm7(♭5)で、ファイブがさっきのE7ですから、Bm7(♭5)→E7→Am7というコード進行になります。これがAm7に落ち着くツー・ファイブですね。

え、それでもIIとVということになるんですか？ Bm7(♭5)って、さっきの表ではVIIのコードだと書いてありますけど。

そうですよね、当然そういう疑問が出てきます。ここがツー・ファイブの面白いところであり、大事な点です。

E7っていうのは、Am7に対する専用のドミナントという言い方をさっきしましたよね？ E7にとってみれば、Am7こそが主人であって、1番目のコードなんですよ。E7はC△7とは関係のない世界に住んでいるので、“俺をCメジャーのルールで数えるなよ！”という思いがあるわけです。だから、Am7に行くツー・ファイブっていうのを考える時は、Am7を1番目のコードとして考えます。その結果、ツー・ファイブに当てはまるのがBm7(♭5)→E7→Am7というコード進行になるんですね。

なるほど、なんとかわかってきました。Am7から見た、IIとVなんですね。

そうです。このツー・ファイブっていうのはジャズでは最も重要なコード進行なんですね。もともとが歌モノの曲をジャズ・スタンダードにしている場合などは、原曲の単純なコード進行に対して、前に取り上げた代理コードとかツー・ファイブをあてはめていって複雑化したりすることが非常に多いんです。もともとがC△7→F△7→G7→C△7というシンプルな進行だったとしても、それぞれのコードに対して専用のドミナントを挟んでいって、さらにドミナントに付随するサブドミナントを付けてツー・ファイブにしたりっていう。

また、もともとがジャズのミュージシャンが作った曲だと、よりメカニカルにツー・ファイブをつなぎあわせてパズルのようなコード進行になっていることもあります。この辺もまたあとの回でやりましょう。

ケーデンス必須項目ツーファイブ

〈メジャー・コードに向かうツーファイブ〉

Dm7 → G7 → C△7

ド ラ ファ レ　ファ レ シ ソ　シ ソ ミ ド

Ⅱm7 ⇒ Ⅴ7 ⇒ Ⅰ△7

〈マイナー・コードに向かうツーファイブ〉

Bm7(♭5) → E7 → Am7

ラ ファ レ シ　レ シ ソ# ミ　ソ ミ ド ラ

Ⅱm7(♭5) ⇒ Ⅴ7 ⇒ Ⅰm7

ラに向かおうとしてソがソ#に上がる

4章まとめ

CD TRACK 29

以下のまとめを読み、空欄を埋めてみよう。
わからない時は該当ページをチェック！

C△7→Dm7→G7→C△7をローマ数字にすると
（　　　　　　　　　　　　　　　　　　　）になる

→P.82

キー＝Gにおける上記のコード進行は
（　　　　　　　　　　　　　　　　　　　）である

→P.86

"終わったなぁ"という感じのするコード進行を
英語では（　　　　　　　　）と言う

→P.88

キー＝CではF△7の代理コードとして
（　　　）が使える

→P.92

キー＝CでAm7に落ち着く時、直前にダイアトニック
ではない（　　　）のコードが置かれることが多い

→P.97

Cメジャー・スケールでの落ち着く音は
明るく落ち着く（　　）と暗く落ち着く（　　）のふたつ

→P.99

弾いてみよう!

CD TRACK 30

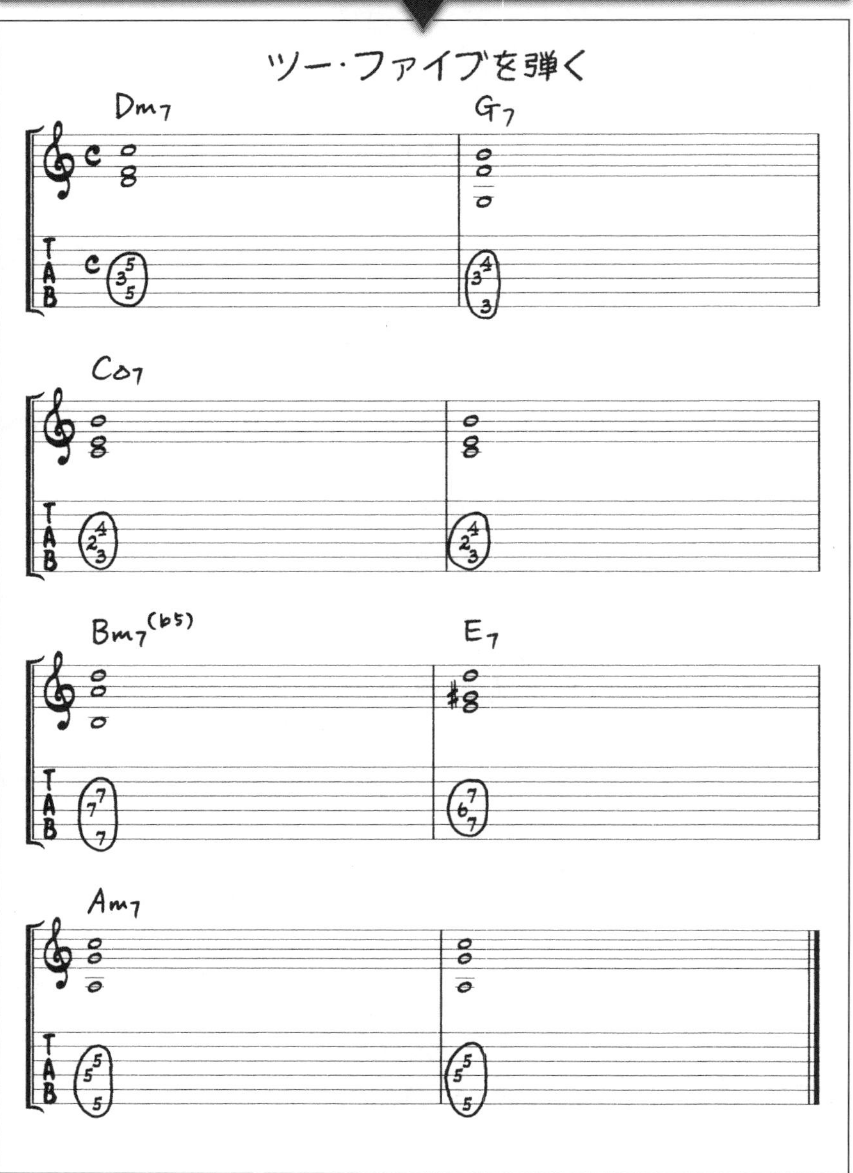

5章 スケール・チェンジを弾いてみよう

どもども。今回はこれまで出てきたコード進行について、アドリブを弾く時にどんな音を選んでいけばいいのかな？という話をしていきましょう。コード進行の話ばっかりだと、なかなかジャズの醍醐味であるアドリブにたどりつけないですからね。

前にやったCメジャー・スケールのダイアトニック・コードっていうのは、Cメジャー・スケールの音だけを使って作られていました。だから、当然のことながらCメジャー・スケールの音を使っている限りは外した感じにはなりづらいと言えます。もちろん、その時々のコード・トーンを伸ばしたりして、アドリブだけでもコード進行を感じさせるようにするという配慮も必要になりますけどね。

暗く響くマイナー・スケール

ところで前回、Cメジャー・スケールの落ち着く音について説明をしました。明るく落ち着く音はCメジャー・スケールと呼ぶくらいだからC音、つまりドですよね。もう一箇所落ち着く音がありましたけど、覚えてますか……ラの音ですよ！

ラは暗く落ち着く音ですから、ラがルー

トになっているAm7のコードも、暗く落ち着くコードになっているんですね。

ドの音がルートで明るく落ち着くC△7と、ラの音がルートで暗く落ち着くAm7……この対比は頭に入れておいて下さい。

そして前回の最後で見たとおり、ジャズではAm7の手前にE7というコードが配置されていることが多いんですね。Am7に落ち着くために、その前に不安定なドミナントのコードを置くことで、さらに安定感を得ることができるというわけです。この時、E7のコードはAm7に対する専用のドミナント・コードになりました。

さてこの時、どんなスケールが使えるでしょうか？というのが今日の第一番目の話題です。

どんな音を弾けるかを考える時は、コード・トーンをチェックするという地道な戦法で行きましょう。E7の構成音っていうのは前回やりましたね？　ダイアトニック・コードであるEm7だったらミ・ソ・シ・レとなるところが、E7はミ・ソ♯・シ・レとなります。ラに向かっていくためのギリギリ感を演出するため、ソがソ♯に変わったという解釈でいいでしょう。

そうすると、ドレミファソラシの中の音ではない、ソ#が入り込んでいるというのがわかると思います。

ここで、Cメジャー・スケール以外のスケールに乗り換える必要がどうしても出てきたわけです。答えから言いますと、ドレミファソラシドのうち、ソの音を半音上げたスケールを弾かなければならないということになります。

ソ#のところだけ避けて、残りの音を弾くとかはどうなんですか？

それでも構わないんですが、ソ#はコード・トーンであるわけですから、それを強硬に“俺は弾かないから！”というのも変な気がしますよね。ここは逃げても仕方ないので、ちゃんとソ#を弾けるようにした方が建設的でしょう（笑）。

さて、今までの話ではラで落ち着く場合もCメジャー・スケールとして話してきましたけど、ラの音、つまりA音で落ち着くわけですから“Aなんとかスケール”と呼んだ方が便利ですよね？

Cメジャー・スケールっていうのはCの音

で明るく落ち着く音でした。メジャーというのは明るいという意味です。では暗いといえば？

ダークですか？

確かにそれも暗いという意味ですが、メジャー・リーガーがレギュラーから外されどこにいくかといえば？

あ、マイナー・リーグか。マイナー・スケールっていうのがありますもんね。“マイナー落ち”って言われるくらいだから暗い感じは確かにしますね（笑）。

そうです（笑）。スケールで言えば、A音で落ち着くからAマイナー・スケールというわけですね。

そんなわけで、ドレミファソラシという音の並びを、ラシドレミファソとすると、Aマイナー・スケールと言います。で、これは始まる音を変えるだけで自然に出来上がったマイナー・スケールだということで、もうちょっと詳しい言い方があるんですけど……自然な、と言えば何でしょうか？

オーガニックかな？

オーガニック!? 長年やってますけど、それは初めてです。多分、オーガニックって有機栽培※とかそういうことですよね（笑）？

ではなくて、もっと簡単に“自然な”という言葉を英語にすると……“ナチュラル”ですよね？

あまりに当たり前すぎるかと思って考えすぎました（笑）。

というわけで、ラシドレミファソという音の並びを“ナチュラル・マイナー・スケール”と言います。オーガニック・マイナー・スケールではありませんので注意して下さい（笑）。

それに対して、ソが半音上がったラシドレミファソ#ラというスケールを、“ハーモニック・マイナー・スケール”と言います。

ハーモニック・マイナーって言うのはヘヴィ・メタルの分野でもかなり使われたりするんで名前を聞いたことがあったり、弾いたことがあったりするかもしれません。

※
オーガニック
“有機的な”という原義が転じて、化学肥料を使わない有機農法について使われることが多い。この文脈での化学肥料とは窒素、リン酸、カリウムなどの無機化合物を含む特定の肥料のことを指す。すべての有機物も純然たる化学物質であるので、用語的には混乱を生みやすいようだ。

昔、イングヴェイ※のコピーをしていた時、出てきたような気がします。当然、速すぎて弾けませんでしたけど（笑）。

僕も昔はロック・ギター命だったので、ハーモニック・マイナーとは知らずに弾いていたことがありますよ。もっとも、イングヴェイのスピードには遠く及びませんでしたが（笑）。

ロックでは異色でインパクトのあるハーモニック・マイナー・スケールも、ジャズでは

※
イングヴェイ
ヘヴィ・メタル・ギタリストのイングヴェイ・マルムスティーン。ハーモニック・マイナーとディミニッシュ・コード・トーンを超高速で弾き、一世を風靡。

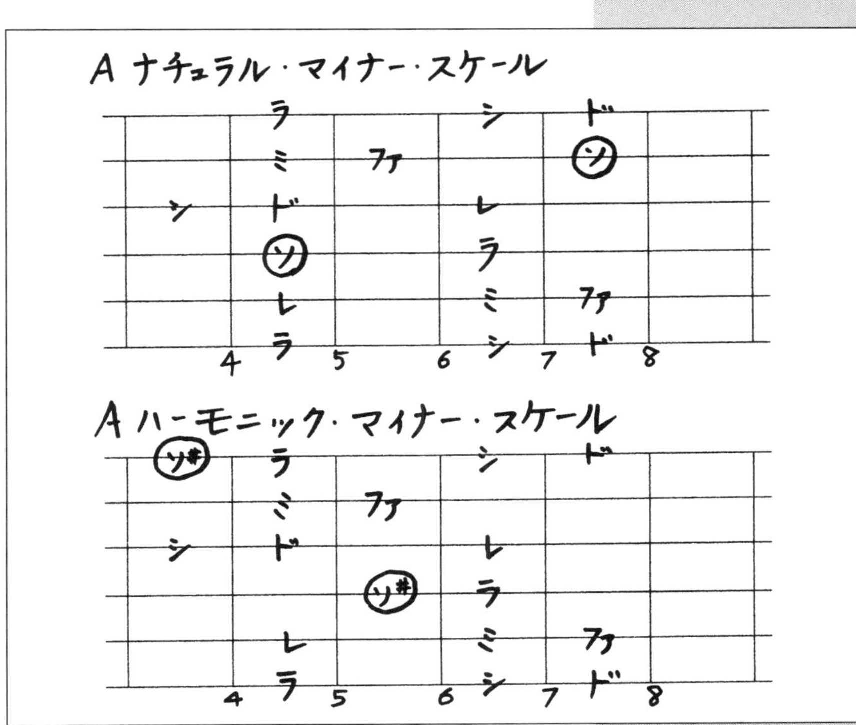

コード進行によってごく普通に登場します。

ちょっと弾いてみますね。C△7→Bm7(♭5)→E7→Am7というコード進行だと、E7だけはダイアトニック・コードではないのでAハーモニック・マイナー・スケールを弾くことになります。

CD TRACK 31

おお、ジャズです。ネオクラシカル系メタルとは全然違いますね（笑）。

そうでしょう。同じハーモニック・マイナーといっても、ジャズだと流れに沿うようにして使うことが多いんですね。まあ僕が弾いたフレーズは置いておいて、ちょっと自分なりに弾いてみていただけますか？

（しばらく弾く）……あ、これ難しい！　E7だけスケールを変えようとすると、Aハーモニック・マイナーを弾こうとして、6弦のラからしか弾けないです。

CD TRACK 32

そうそう、そうなんですよ。この先もいろいろなところでスケール・チェンジが出てくるんですけど、スケール・チェンジを勉強していく上でまずぶつかるのが、“スケール・

チェンジの箇所でスケールを上がって下がることしかできない”ということですね。単にスケール練習してるだけのような感じになってしまうと。

でも、よく考えてみると、Cメジャー・スケール＝Aナチュラル・マイナー・スケールと、Aハーモニック・マイナー・スケールって、音がひとつ違うだけなんですよ。ソに#が付くだけですから。

いかにも“スケールを切り替えて弾きました”となってしまうのは、そこに気がついていないからなんですね。ソだけ#するというのが見えていれば、自然につなげられるようになります。もちろん、練習は必要ですけどね。

ちょっと簡単な覚え方を紹介しましょう。ドレミファソラシのドを第1番目の音として考えた時、ソの音は何番目になるかわかりますか？

ド〜レ〜ミ〜ファ〜ソだから……5番目ですか？

そうです、5番目です。だから、Aハーモニック・マイナーは“5アゲ”と覚えておいたらどうでしょうか？　ちょっと油揚げみたいですけど（笑）。

第5番目の音を半音上げて弾けばいいというのは、ロック・ギタリストにとっては非常にわかりやすい考え方だと思います。というのも、Aマイナー・ペンタトニックで弾きまくっている時、ボーカリストに“キーを全音上げてくれない？”と言われたら2フレット上のポジションにそのまま平行移動してBマイナー・ペンタトニックを弾きますよね？　ロック・ギタリストはキーによって

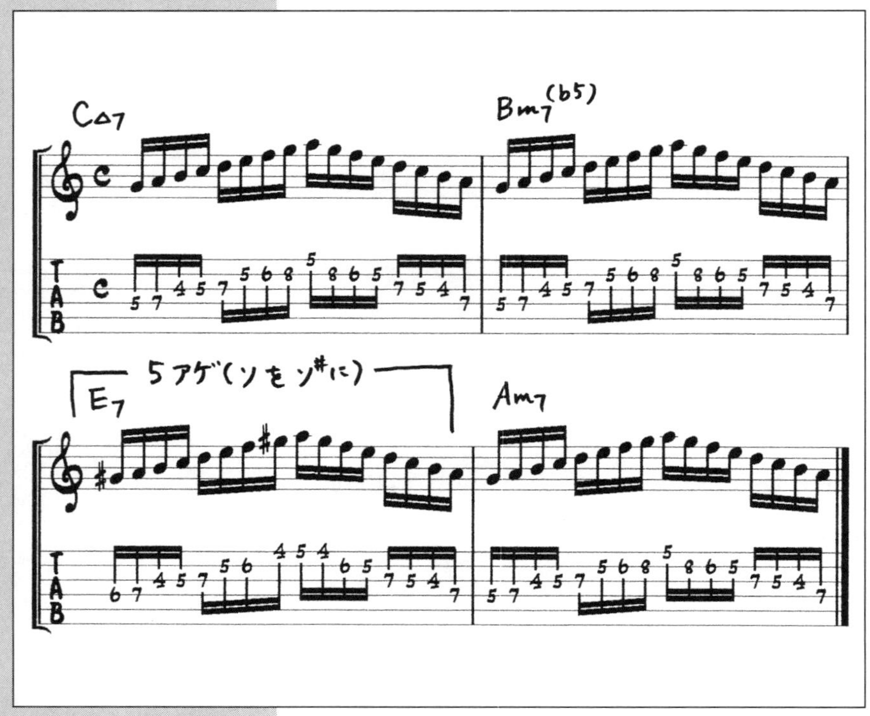

スケールをほとんど固定しまうことが多いですが、それでも“5アゲ”と覚えておけば、ポジションをズラしてそのキーにとっての第5音を半音上げて弾けばいいということなんです。アコギで言うと、カポでキーを変えるのに近い感覚で弾けます。

このようなお手軽テクニックというのも、この先のアドリブでは扱っていきたいと思います。どうしてそうなるのか？という原則の部分はちゃんと知っておいてもらいたいんですけどね。

5アゲの練習方法を紹介しましょう。第5音のソから上がって下がる練習ですが、E7に来た時だけソ♯にしてみましょう。

CD TRACK 33

ここでは16分音符という細かい音符で弾くように指定してありますが、これにも理由があります。一定の長さで続けて弾いているので、どこかにアクセントが付くことがあまりありません。だから、スケール・チェンジさえちゃんとできていればミスしたようには感じないんですね。長い音符を取り入れ始めると、長く弾いた音がコード・トーンになっているかどうかというところで、コードに合わない音を伸ばすとミス・トーンのようになってしまいます。スケール・チェンジができていたとしてもです。だから、最初のうちは細かい音符を連続的に弾いて、あまりスケール・チェンジ以外のことで悩まないようにするのがいいでしょう。

部分転調は社会の縮図?

では、次の部分転調に行きましょう。C△7→C7→F△7というコード進行※です。これっていうのは、もともとはC△7→C△7→F△7というコードだったと考えられます。どこかで聴いたようなコード進行ではありますよね。

C7はダイアトニック・コードではありません。では、このC7は一体どこから出てきたコードなんでしょうか?

それを突き止めるため、再びダイアトニック・コードのおさらいをしてみましょう。ダイアトニック・コードにおいて、不安定→安定というのを最も強く感じさせるコード進行はなんでしたか?

ドミナントからトニックということで、G7からC△7への進行だったと思います。

※
各コードのダイアグラム

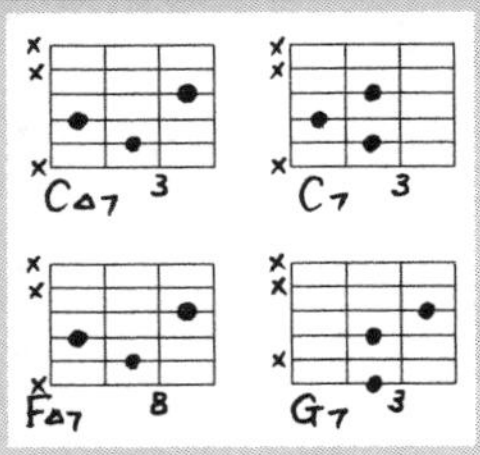

C△7 3　C7 3　F△7 8　G7 3

CD TRACK 34

おお、素晴らしい！　模範的な回答ですね。これはどんなキーでも当てはまることです。6弦ルートのG7から5弦ルートのC△7へというのと同じように、6弦ルートのA7から5弦ルートのD△7、6弦ルートのB7から5弦ルートのE△7……全部同じように不安定から安心への強い進行を感じることができます。

同じように、F△7を5弦ルートで弾いてみたらどうでしょうか？　6弦にあるのは……。※

あ、C7ですね！　さっきのC7っていうのはこれですか？

そうなんですよ。例えばF△7に向かって行く時、ドラマーが“ドンスタツカタン！”とフィルを入れ、横にいたエディ・ヴァン・ヘイレン※※似のギタリストがアーム・ダウンを“ギュワァ〜〜〜ン！”と決めてからF△7を弾いたとしましょう。これはアーム・ダウンによって不安定な印象を与えて、F△7の安心感を強調しているわけですね。いつも例に出てくるギタリストが古いんですよね(笑)。あ、デレク・トラックス※※※とかどうですか？　デレクがスライド・バーをギュ〜〜ン！と走らせて盛り上げて、F△7を弾

※
不安定から安定へ

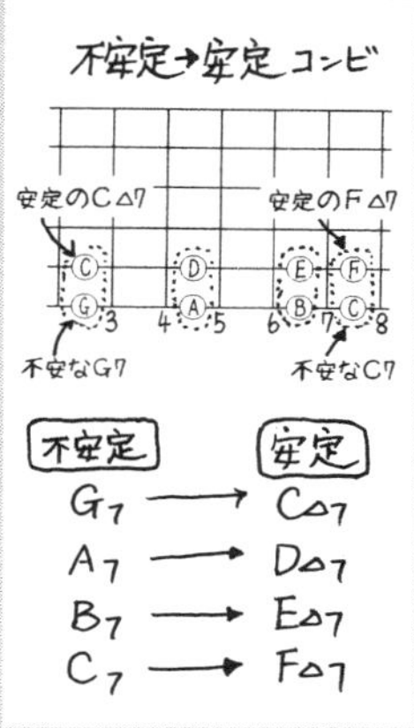

不安定→安定コンビ

安定のC△7　安定のF△7

不安なG7　不安なC7

不安定　安定

G7 → C△7
A7 → D△7
B7 → E△7
C7 → F△7

※※
エディ・ヴァン・ヘイレン

ロック・バンド、ヴァン・ヘイレンのギタリスト。ロック式トレモロとハムバッカー・ピックアップを搭載した改造ストラトによるトリッキーなプレイで、80年代のギター・シーンを席巻した。

※※※
デレク・トラックス

オープンEチューニングにスライド・バーを使った演奏が特徴的。10代の頃からさまざまなレコーディングに参加し、2000年にはオールマン・ブラザーズ・バンドに加入。現在はオールマンを離れ、自らのバンドを中心に活動している。1979年生まれの若きギター・ヒーロー(10代の読者から見たらかなりベテランかもしれないけど……)。

いたという感じ。

要するに、ロックでもF△7に行く前に、何かしら“F△7に行きますよ”というサインを出すんですね。これをコードの響きで表現したものが、ここに置いてあるC7なんですよ。C7という不安要素を弾くとF△7に行って安心したいという気持ちが起こりますから、流れが生まれてくるわけです。

そこで、やっとアドリブの話です（笑）！このC7というコードはF△7に行くことしか考えていないですから、もともとのCというキーに対しては忠誠心が薄いんですね。だから、ここだけはFの音が主人公のスケールということで、Fメジャー・スケールを弾くのが標準になります。Fメジャー・スケールっていうのはこれです。どうでしょうか？

Cメジャー・スケールと比べてどんな音が違うでしょうか？※

え〜〜っと……シの音、ですよね？

そうです！　これも、たったの1音だけ違うんですよ。Cメジャー・スケールをFメジャー・スケールにするには、シの音を半音下げればいいんです。シというのは第何

※
各スケールの構成音
Cメジャー・スケール＝ド、レ、ミ、ファ、ソ、ラ、シ
Fメジャー・スケール＝ファ、ソ、ラ、シ♭、ド、レ、ミ

音ですか？

ド〜レ〜ミ〜ファ〜ソ〜ラ〜シ……だから、第7音!?

そうですね、第7音です。だから“7サゲ”と覚えておけば便利です。IV△7のコードに向かうセブンス・コードの時は、キーの基本となるメジャー・スケールから“7サゲ”で弾けばこの部分転調に対応できるということですね。

またスケールの練習をしてみましょうか。ソラシドレミファソラソファミレドシラと弾きながら、C7のところだけ、シ♭を弾きます。これも細かい音符を弾き続けることで、コード・トーンを意識せずにスケールの練習だけすることができるんですね。

CD TRACK 35

C7の次のF△7は、そのままFメジャー・スケールで弾けばいいんですよね？

いえ、これが違うんですよ。C7の時にはF△7を目指しているのでFメジャー・スケールを弾くんですが、いざF△7に到達してみると、F△7というのはCのキーの所属メンバーのひとりにしか過ぎないですから、Cメジャー・スケールになるんです。

そうなんですか……ちょっとややこしいんですね。

わかりやすくこれはC△7を校長先生だとすると、F△7は金八先生と言えます。言えますって平然と解説してますけど、ここは何とかそう思って下さい（笑）。

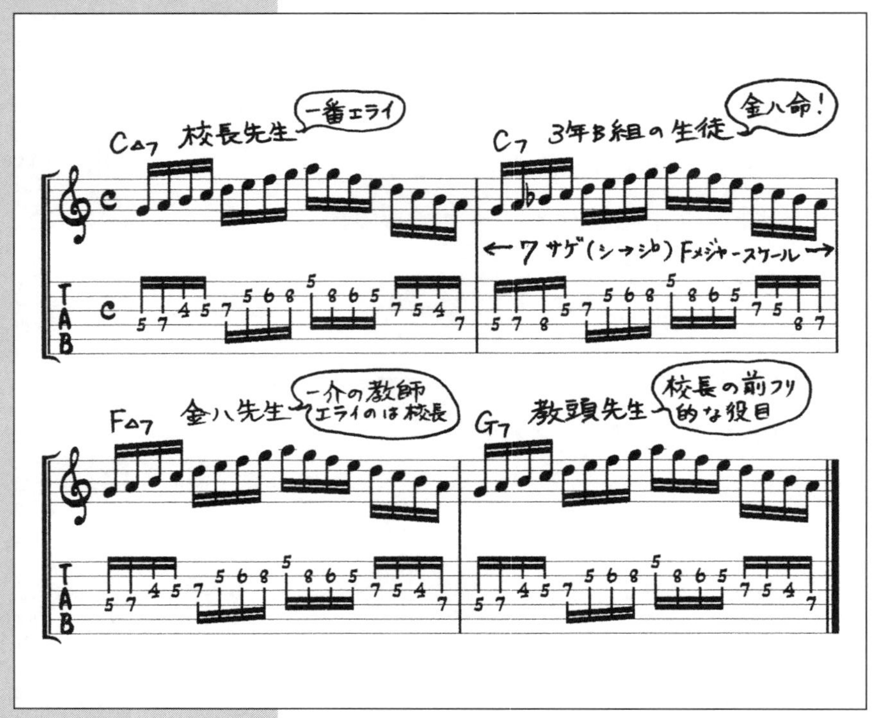

そんな無茶な（笑）。

まあまあ、細かいことは置いておいて(笑)。で、C7っていうのは“金八センセ〜イ！”と呼んでいる3年B組の生徒のようなものです。生徒にとっての金八先生は信頼のおける唯一無二の先生ではありますが、学校の中で一番偉いわけではないですよね？　一番偉いのは基本的に校長先生です。金八先生はあくまでも校長の部下であって、いくら生徒に信頼されても、校長から見たら学校に所属する一教員でしかないというわけです。

同じように、生徒であるC7がいくら“俺たちにはF△7先生しかいないんだ！”と叫んでF△7が一番偉いというように振る舞っても、F△7としては“いや〜、俺はC△7校長の部下だし、生活もあるし……”というスタンスで、Cメジャー・スケールという響きを求めてしまうわけです。

なんか社会の軋轢を感じる嫌な話になってきてしまいましたね（笑）。

社会の縮図は至るところに表われ、それはコード進行とて例外ではない、みたいな感じでしょうか（笑）。

マイナーに向かう部分転調

もうひとつだけ転調のスケール・チェンジを見て、今日は終わりましょう。みなさん既にかなり眠そうな雰囲気ですし（笑）。

さっきから金八先生として登場しているF△7ですが、これはサブドミナントでしたよね？　サブドミナントのコードにはもうひとつありましたけど、何だったか覚えていますか？

え〜っと……Dm7でしたか？

そう、Dm7ですね。このDm7へ行く時の部分転調っていうのもあるんですよ。

こういうコード進行があったとしましょう。C△7→Am7→Dm7→G7→C△7……この進行において、サブドミナントのDm7の手前でもうちょっと流れを作りたいということで、Am7をA7に変えます。C△7→A7→Dm7→G7→C△7です。※

すると、A7のところではどんなスケールが弾けることになるか考えてみましょう。こ

CD TRACK 36

各コードのダイアグラム

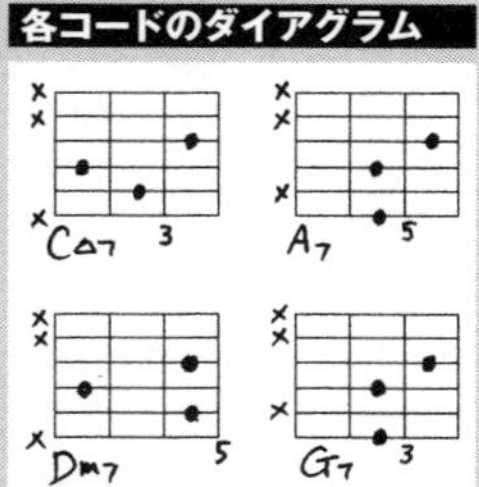

れもF△7と同じように考えるなら、Dmのキーに部分転調しているからDマイナー・スケールで弾けるかな？という気がしてきますね。

それで行けると思います。この場合は……シの音を半音下げればいいのかな？

それで筋道としては合っているんですが、マイナー・コードに落ち着く場合はもう一段階考える必要があるんですよ。Em7→

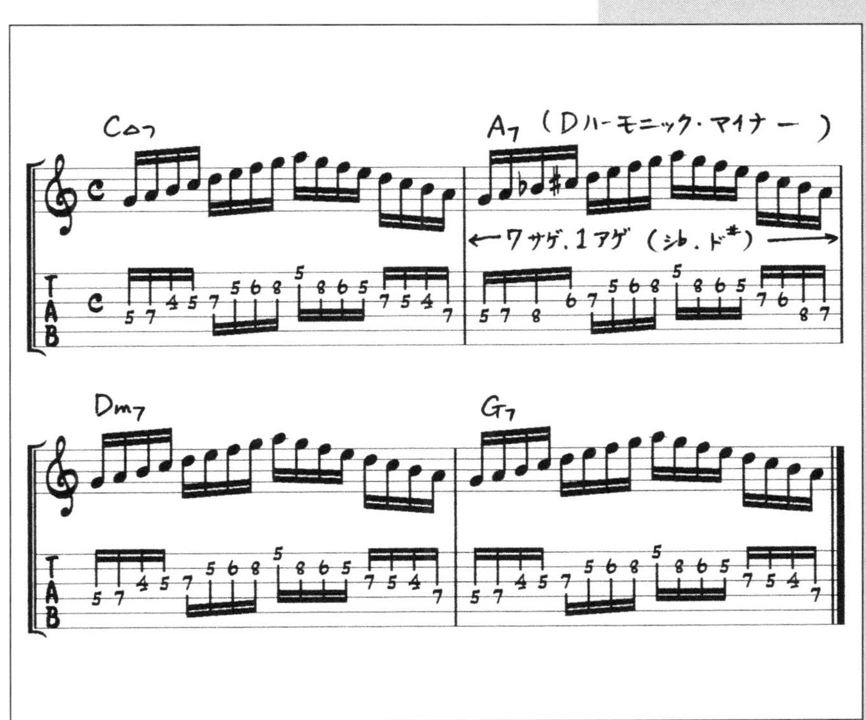

Am7がE7→Am7になった時のことを思い出して下さい。Am7のルートであるラの音の半音下まで迫ってギリギリ感を出すという目的で、Em7（ミ・ソ・シ・レ）のソが、ソ#になりましたよね？　その結果、スケールはAハーモニック・マイナー・スケールになりました。

Dm7も同じように、レの音の半音下まで音が迫って来てド#の音が入るようにします。だから、A7（ラ・ド#・ミ・ソ）のところで弾くのはDハーモニック・マイナー・スケールというのが標準になります。

ちょっと頭が混乱してきました……。

ちょっと入り組んできましたね（笑）。メジャー・コードへ向かう部分転調の時は、向かう先のメジャー・スケールを弾けばいいんですけど、マイナー・コードに向かう時は、スケールをハーモニック・マイナー化する必要があるってことなんです。

A7の時の部分転調を、Cメジャー・スケールから見ると、第7音のシが下がります。さらにドがド#になります。ドっていうのはCメジャー・スケールの第何音ですか？

最初がドだから、第1音ってことになるんですか？

そうですね。そうしたら、“7サゲ、1アゲ”と覚えたらどうでしょう？

C△7→A7→Dm7→G7でスケール練習をしてみましょう。Dm7に行ったらCメジャー・スケールに戻りますから、A7だけが“7サゲ、1アゲ”になりますよ。

CD TRACK 37

譜面はP125に。

“どこが変わったか”が大事

スケール・チェンジのコツっていうのは、もとのスケールからの変化に注目することです。これくらいの部分転調だと、変わっていない音の方が多いわけで、あまり難しく考えないで変化した音だけに注目して弾いていけばいいんですね。

この先、こういうパターンが数限りなく出てくるんですか？

いえ、実はそんなことはないんですよ。スタンダードなジャズの曲っていうのは、トニック・コードからサブドミナントへ行こうとして、その手前で部分転調が入ったりすることが多いわけですね。部分転調のパターンっていうのは非常に限られているんです。変テコな部分転調っていうのはあまり登場しないと思っていて下さい。今日やったものがかなりのパーセンテージを占めます。キーは変わったりしますけどね。

では、また次回！

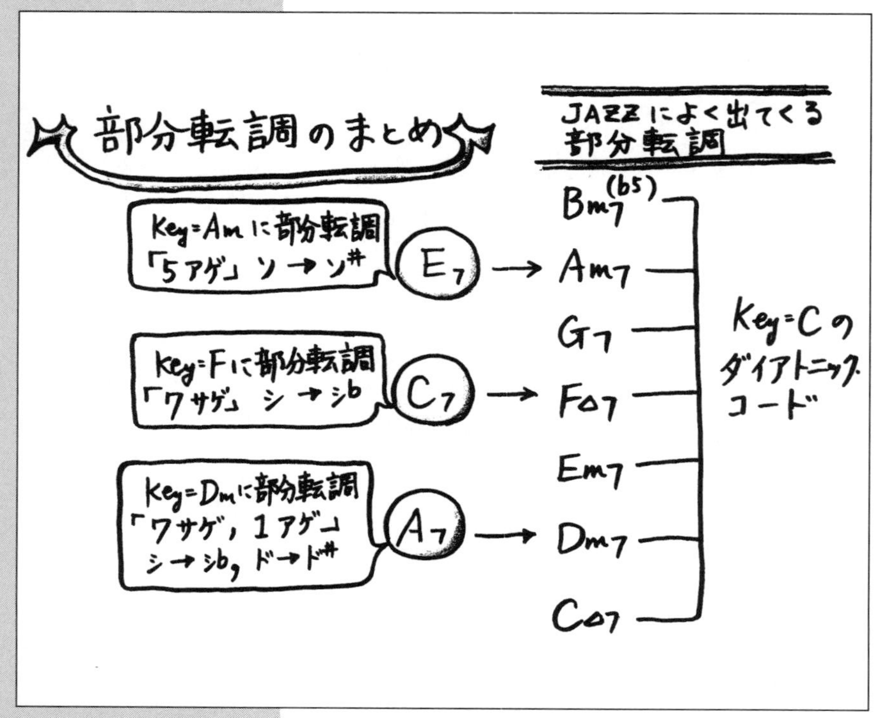

5章まとめ

CD TRACK 38

以下のまとめを読み、空欄を埋めてみよう。
わからない時は該当ページをチェック！

Em7の構成音は（　　　　　　　　　　）、
対してE7の構成音は（　　　　　　　　　　）

→P.109

ラシドレミファソという音の並びを
A（　　　　　　　）マイナー・スケールと呼ぶ

→P.112

ラシドレミファソ♯という音の並びを
A（　　　　　　　）マイナー・スケールと呼ぶ

→P.112

C△7→Bm7(♭5)→E7→Am7という進行では
E7で（　　　　　　　　　　　　）スケールを使うのが標準

→P.116

C△7→C7→F△7という進行では
C7で（　　　　　　　　　　　　）スケールを使うのが標準

→P.120

C△7→A7→Dm7→G7→C7という進行では
A7で（　　　　　　　　　　　　）スケールを使うのが標準

→P.126

弾いてみよう!

コードに合わせてスケール・チェンジ!

CΔ7 | E7（5アゲ=ソ#） | Am7

ソ#

Am7 | CΔ7 | C7（7サゲ=シb）

シb

FΔ7 | G7 | CΔ7

A7（1アゲ7サゲ=ド#シb） | Dm7 | G7

ド# シb

5章　スケール・チェンジを弾いてみよう

6章

コード進行を分析しよう

はいこんにちは！　今日はジャズ教習所の入所式です！

え、なんですか、突然（笑）。

えー、僕の教室でジャズ教習所と呼んでいるコード進行がありまして、これをこなしておくと実際のジャズ・スタンダードを弾く時にとても役立ちます。そんなわけで、今日はみなさんにジャズ教習所に入っていただこうと思います！

コードに乗せてアドリブしよう

CD TRACK 40

C△7→A7→Dm7→G7という前にも出てきたコード進行ですが、これをギター・デュオで演奏してみましょうか。僕がアドリブを弾いてみますんで、4ビートっぽい感じでバッキングを弾いてみて下さい。コードの押さえ方はそこにあるダイアグラムを見て下さい。

このようにソロを弾いていくには、バックで鳴っているコードが何か？　コード・トーンがどこにあるのか？　どのスケールが標準的か？など、いろいろなことに気を配る必要があります。それがわかってから初めて、外れた音をわざと弾くというアプローチに進むべきだと僕は思っています。

コード・トーンとスケールだとどっちが大事なんですか？

それはどっちが大事とか大事じゃないっていう関係ではなくてですね……（笑）。コード・トーンの把握とスケールの把握っていうのは、タテとヨコの関係であると言え

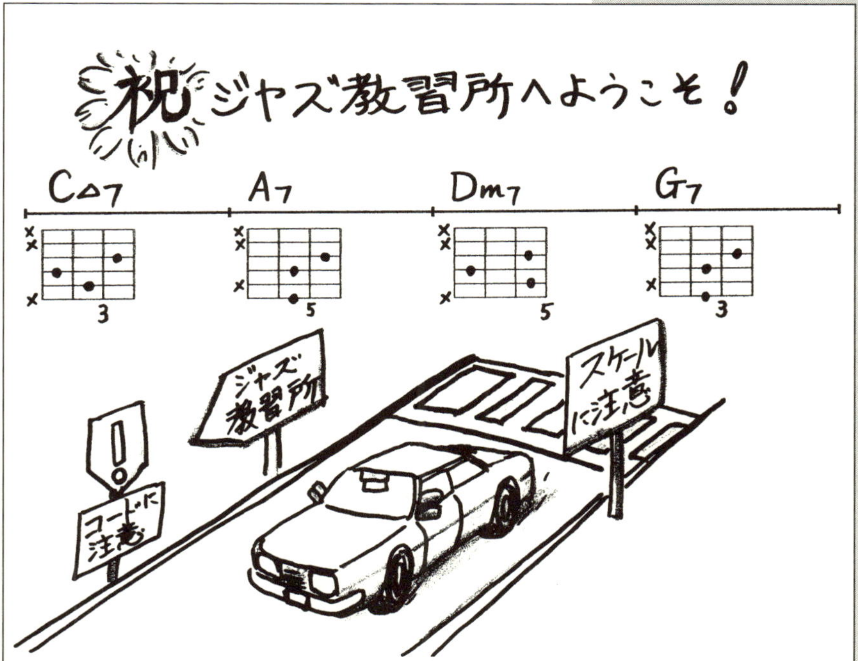

ます。だから、どちらも同じように理解して弾く必要があるんです。コード・トーンだけ弾けてもアルペジオの練習みたいだし、スケールだけ弾けてもどこに向かっていけばいいんだかわからないということになりますから。

ちょっと地味な作業になりますが、コードを弾きながらコード・トーンを口で言っていく練習をしてみましょうか。

CD TRACK 41

C△7（ドミソシ）→A7（ラド♯ミソ）→Dm7（レファラド）→G7（ソシレファ）

最初はちょっと難しいと思います。コードを押さえるのに気を取られるとコード・トーンが言えなくなったりするので（笑）。

で、慣れてきたらコード・トーンを逆から言ってみるといいんですよ。

C△7（シソミド）→A7（ソミド♯ラ）
→Dm7（ドラファレ）→G7（ファレシソ）

これは難しい！　全然言えない（笑）！

そうでしょう（笑）？　アルペジオを練

習する時なんかはルートから弾いたりすることが多いですから、逆からだとなかなか言えなかったりするんですよ。コード・トーンを覚える時、コード・ネームを見ただけで全部の音がパッとわかるようにするためには、たまには逆から言ってみるというのも必要なんですよ。

なるべく楽して覚えよう！

今度は、ドミソシ、ラド#ミソ、レファラド、

ソシレファと口に出しながら、アルペジオを弾く練習をしてみましょうか。ポジションは指板上のどこであっても即座に弾けるようになった方がいいんですが、普段ペンタに慣れている人が弾くという前提のもとにこちらでポジションを選んでみましたので、これを弾いて下さい。ロック・ギタリストがなるべく少ない努力でジャズらしく弾くというのが、このセミナーの裏テーマでもありますから（笑）。

それは初耳（笑）！

まっさらな状態からジャズを目指すよりも、ロックやブルースといった下地を有効活用しながら、ジャズに対応できるプレイを目指す。そんなところが、このセミナーの到達目標なんです。

というわけでロック・ギタリスト御用達のAマイナー・ペンタトニックに近いポジションで、このスケール・チェンジを弾きこなすために、アルペジオをこのポジション内でこなせるようにしておきましょう。

あとでもやりますけど、スケールにも触れます。A7の時はDm7に向かうドミナント

なじみの Aマイナー・ペンタ近辺で各コードのアルペジオを弾く

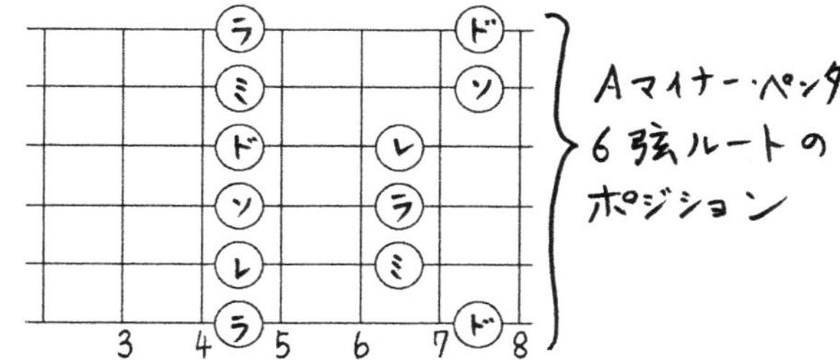

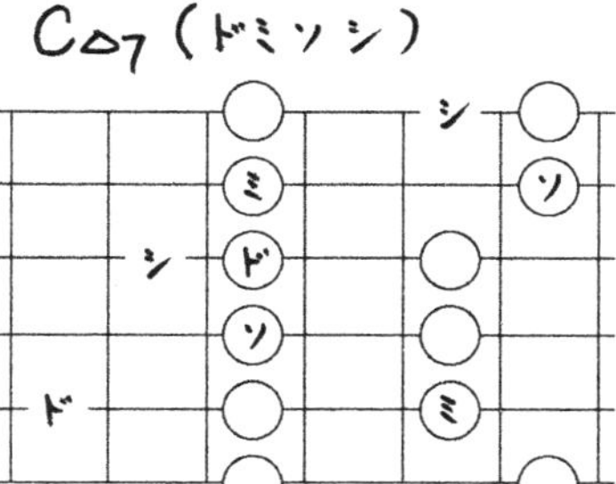

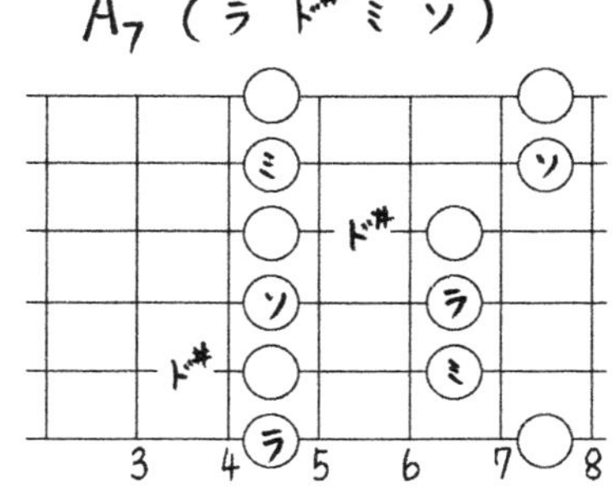

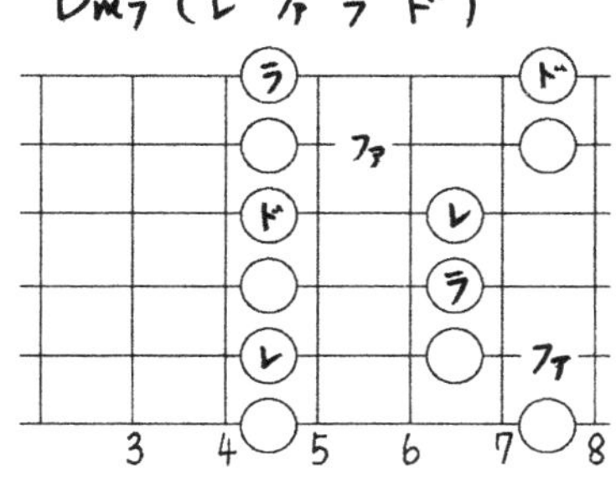

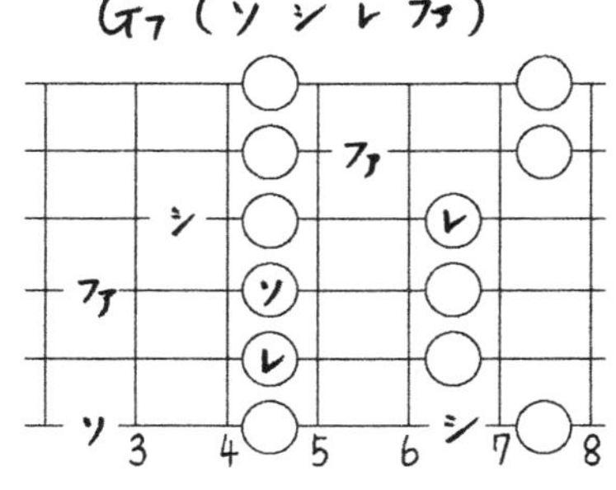

ですから“1アゲ、7サゲ”で、1はド、7はシですから、ド#に、シをシ♭にして弾くといいんですね。※

※
“1アゲ、7サゲ”
この時のスケール名はDハーモニック・マイナー・スケールになる。前回参照！

各コードのアルペジオとCメジャー・スケールの音を弾きながら、A7では“1アゲ、7サゲ”……どうですか、1ポジションだけだけど、意外と簡単に弾ける感じがするでしょう？

コードの中でどんな立場?

アドリブを、1弦の5フレットと7フレットだけで弾いていきましょう。1小節目はシ、2小節目はラ、3小節目もラ、4小節目はシ……と弾いて下さい。2音だけなのに、それなりにコード進行を表現できているような感じがしますよね？

CD TRACK 42

これがコードの中でどんな音になっているかをしっかり理解するために、“ドミソシのシ！”、“ラド#ミソのラ！”など、コード・トーンと関連づけて口に出してみましょう。早口になるので、テンポをちょっと下げます。

“ドミソシのシ！”、“ラド#ミソのラ！”、“レファラドのラ！”、“ソシレファのシ！”……な

んとか言えた（笑）。

CD TRACK 43

さらにもう一段階、理解を深めるといいんですが……今から少し解説していきますね。ドミソシのシはコード・トーンだっていうことがわかったら、それがルート音に対して何度の音なのかということもわかると、これは本当に役立ちます。何度の音かっていうのがわかると、弾く前から“このコードに対してメジャー・セブンス（△7th ）の音を出したらこんな感じだよな”っていうの

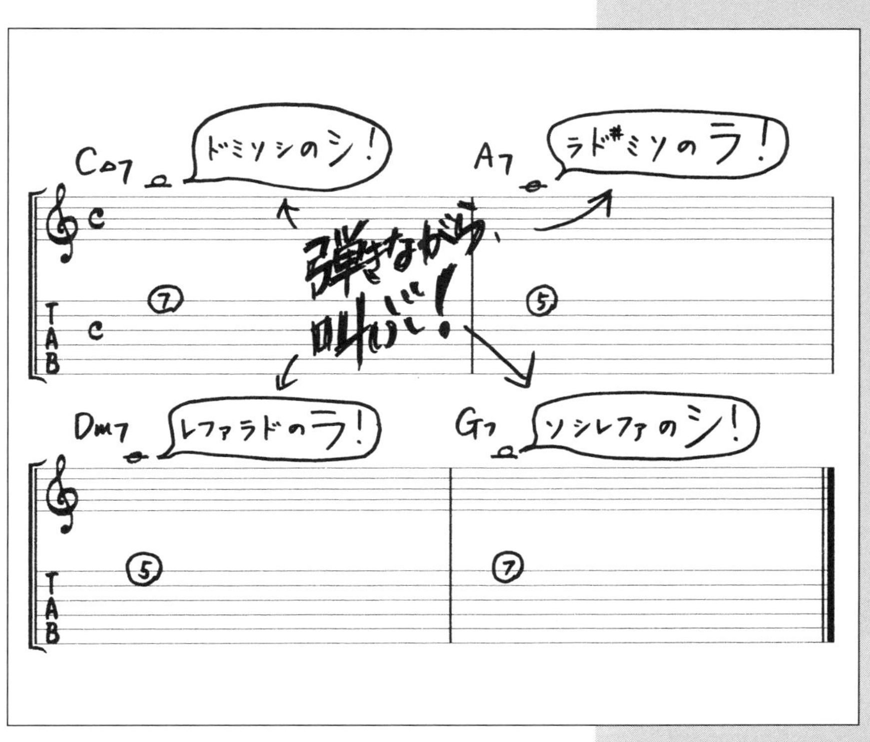

CD TRACK 44

が見えてくるんです。

さっきのも“ドミソシのシ、△7th”、“ラド#ミソのラ、ルート”、“レファラドのラ、5th”、“ソシレファのシ、△3rd”と、度数を加えて口に出してみるとさらに深く理解できるんですよ。かなり大変ではあるんですけど。

まず口が追いつかないです（笑）。

覚える余力があれば、ぜひこの度数っていうのをちゃんと把握しておいていただきたいわけです。何かしらの譜面を見たら、コードに対して何度の音になっているか、片っ端から書き込みまくったりするとだんだんメロディ譜を見ただけでそれがわかるようになってきます。※

だからシとかラとかっていうのは、キー全体の中でどんな音を弾いているかという把握であり、これは横の流れになります。△7thとか△3rdっていうのは、そのコードが鳴っている中でどの位置にある音なのかを把握することですから、縦の動きになります。これを両方把握することで、自分の弾いていること、弾きたいことが明確になっ

※

度数を書き込む

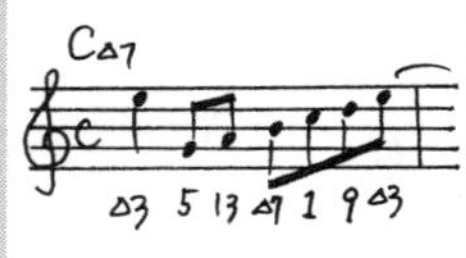

このように、どんな譜面でもいいのでコードに対してメロディが何度になっているか書き込んでみる。最初は指折り数えながらという感じでも、慣れてくると譜面を見るだけで何度の音かすぐにわかるようになる。

てくるんです。

もちろんそれがわかればいいんでしょうけど、ここまででも覚えることが多すぎて何がなにやら……。

そうでしょう。普通は何年もかかって勉強することを、かなりハイペースで紹介してきていますからね。とりあえず覚えておくと便利な裏技を……裏技っていうほどのものではないんですが、ちょっとしたコツをお教えしましょう。

それが“困った時の3度”というものです。3度の音っていうのは、コード・トーンの中で最もコードの性格を端的に表わしています。※メジャー・コードかマイナー・コードかを決めるのはこの音ですからね。信号の赤か青かというように大事な音なんです。

その場合、どっちが赤信号でどっちが青信号なんですか？

え？　いやいや、言いたかったのはそこじゃなくて（笑）！　コードのカラーを決める大事な音なので、アドリブにおいても最

※
3度の音
長3度と短3度の2種があることに注意！　メジャー・コードでは長3度、マイナー・コードでは短3度になる。3章参照！

初に3度の音を提示することで、フレーズ全体が安定したものになります。C△7だったらドミソシのミ、A7だったらラド#ミソのド#というわけです。

さきほどのコード進行に沿って、3度の音を弾いてみて下さい。この図に、どこに3度の音があるかを示しました。

CD TRACK 45

ミ→ド#→ファ→シと弾いてみます。

あ、これだけなのに、なんとなくちゃんと流れがあるように感じます！

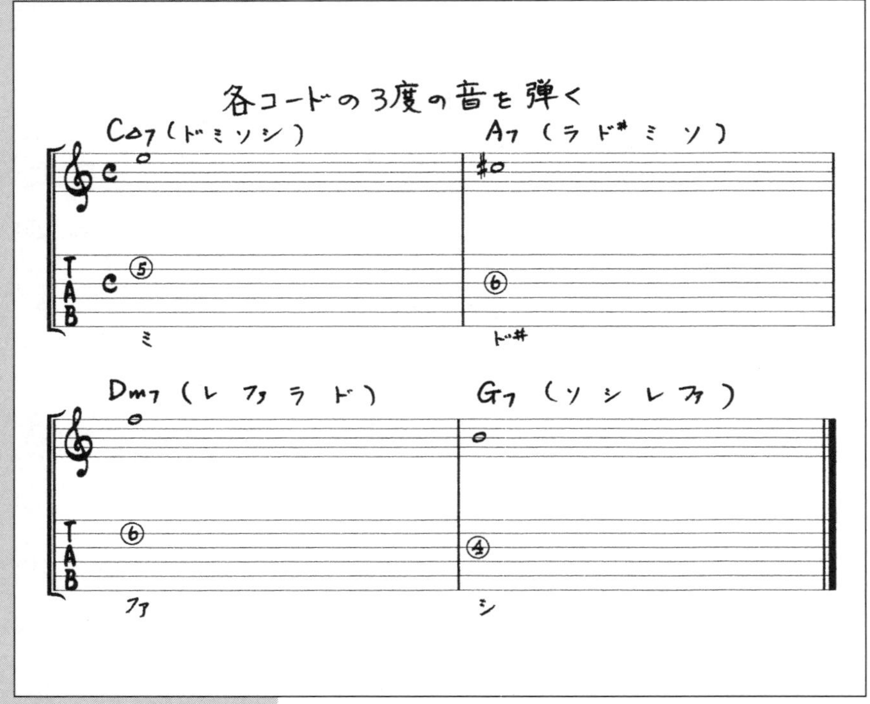

そうでしょう？　3度っていうのはそれくらい便利な音なんです。コードの中の大事な音をガイドラインとして弾いていくという、なんとなくスタンプ・ラリーでスタンプを押してもらうという感じでしょうか。経由所が決まっていて、その間は自由に動いてもいいということですね。といいつつ、僕はあまりスタンプ・ラリーをやった記憶がないんですけど（笑）。

じゃあ、3度をガイドラインにして、それ以降はスケールを使ってアドリブを弾いてみますんで、聴いて下さい。

CD TRACK 46

今のプレイはコードの3度を必ず小節の頭に弾いています。これはロックでも何でも同じように使うことのできるアイディアです。“お前のアドリブって、なんかダラダラしてよくわからないんだよな～”なんて言われてしまうのは行き先が決まっていないからなんですね。3度に行こうと決めていれば、滑らかな流れを作ることができるというわけです。

不安な音だけ集めました

コードの流れに沿ったアドリブには3度が

ポイントだということがわかったところで、もう一歩突っ込んだアプローチを紹介してみたいと思います。コードの流れの中には、安心と不安というふたつの大きな要素がありましたね。

ドミナントからトニックに行くっていうことですよね？

そうです。ドミナントからトニックへの流れの中で、さっきの例だとスケールとコード・トーンから見てきました。これを、安心と不安というふたつの要素だけで見る方法もあるんです。

このA7はどんな役割でしょうか？

え、Dm7に向かっていくドミナント……っていうことですか？

そうですね。そのDm7の中でもより強く落ち着く音はDmのコード音であるレとファとラです。ここでは落ち着く目標地点をDmということにして考えていきましょう。

さて唐突ですが、問題です。みかんとりんごが入っている袋がありました。そこからみかんを取り出すと、何が残りますか？

え、小学生並みじゃないですか（笑）？りんごですよね。

はい、その通りです。小学校で言うとだいたい1年生か2年生くらいの問題ですね(笑)。それをドミナントの時にも応用してみようということで、とにかくやってみましょうか。

2小節目のA7での標準スケールはDハー

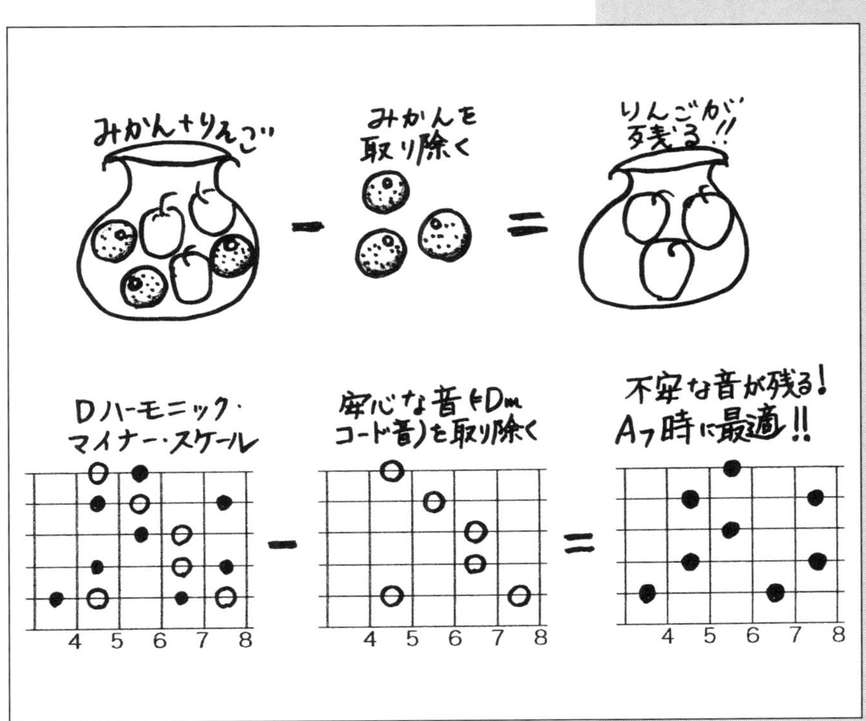

モニック・マイナーなわけですが、そのポジションをこちらに指定してますんで、まあとにかくしこたま弾いてみて下さい。

こうやって弾くと緊張してなかなかうまくいかないんですけど（とぶつぶつ言いながら、指定されたDハーモニック・マイナー・スケールを弾く）

では次に、落ち着く音の集合体であるDmコードを弾いてみましょうか。

（生徒、Dm7コードを弾く）

あ、Dm7じゃなくてDmです。レ、ファ、ラ、の3音になりますので、小指は押さえたままですね。Dm7のm7thという音は、落ち着く音というよりも、Dmのマイナー・コード臭さを多少散らすような音なので、ここでは除外しておきましょう。

さて、このDmコードの音こそが、Dハーモニック・マイナーにおいて"安心"な成分のポジションです。これをみかんとしましょう。さっき、みかんを取り除いたら何が残るって言いましたっけ？

あれ、なんだっけ？　オレンジ？

いやいや、りんごです（笑）！　果物の種類は何でもいいんですけど、要するに安心を取り除いたら不安の音だけが残る、と言いたいわけです（笑）。

それを弾いてみて下さい。……どうですか？　この音を弾くだけでもかなり不安感があると思います。Dハーモニック・マイナー・スケールというのは安心な音と不安な音が一緒くたになった姿であって、これをそのまま弾くよりは安心な音を取り除いた形の方が、より不安になるんですね。

ここ（P145）に黒丸で示したのが不安の音、白丸が安心の音。安心の音だけを弾くと、Dmコードのアルペジオです。それを取り除いたのが不安の塊というわけですね。

これを弾いてみると、不安と安心というのが明確にイメージできると思います。そして、この不安な音というのは指板にメカニカルに配置されているのがわかりますね。これは1.5音……つまり3フレット間隔で配置されているんです。この並びをディミニッシュ・コード・トーンと言います。弾いてみるとこんな感じです。

CD TRACK 47

すごい響きですね。ディミニッシュって言葉は聞いたことがあります。

これをうまく使えるようになると、かなりジャズっぽくなりますよ。A7でディミニッシュ・コード・トーンを弾いて、Dm7でファやラを弾いて落ち着かせるという。不安→安心っていう流れがとても強く感じられますね。

覚えやすいように公式化すると、“ドミナントでは、ルートの半音上から始まるディミニッシュ・コード・トーンが使える”ということになります。一旦覚えてしまえば、非常に使いやすいアプローチです。しかも、メジャー・コードに行く場合でも、マイナー・コードに行く場合でも、どちらでも使えてしまうんですね。

じゃあ、G7の時でも使えるんですか？

そうそう、そうなんですよ！　A7とG7って、コードとしては2フレットずらすだけですから、このディミニッシュ・コード・トーンも2フレットずらして弾いてみましょうか。……どうですか？　たったこれだけのこ

CD TRACK 48

とでも、かなりジャズらしく複雑に聴こえると思います。

脱ペンタへの裏技!

ところで、このディミニッシュ・コード・トーンっていうのは、マイナー・ペンタトニック的なソロからは最も遠いものなんですよ。

遠いって、何が遠いんですか？

考え方ですね。ディミニッシュ・コード・トーンは1.5音間隔と言いましたが、1.5音だから不安定っていうわけではないんですよ。1.5音と1.5音を足すと、何音になりますか？

え、3音……じゃないですか？　これも小学生の問題ですよね（笑）？

小数の足し算は小学校の4年生くらいでしょうか（笑）。そう、3音です。ディミニッシュ・コード・トーンっていうのは、3音間隔のペアが、ふたつ組み合わさったような形なんですよ。ここに書きましょうか。※

※

ディミニッシュの3音間隔

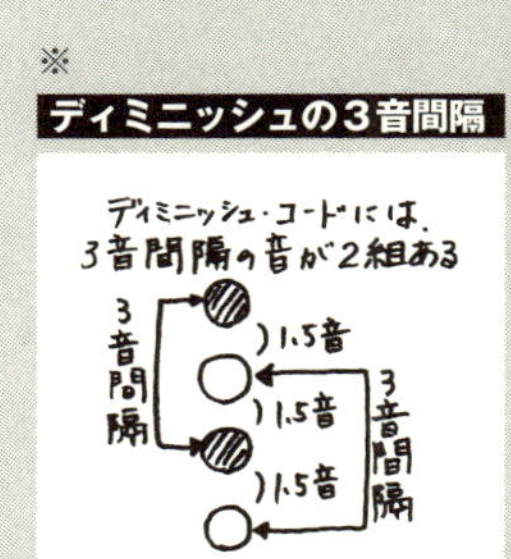

メジャー・ペンタトニックは、メジャー・スケールから4番目と7番目を抜いた音階ということで、ヨナ抜き音階とも呼ばれます。4番目と7番目、つまりファとシは何音間隔でしょうか？

え〜〜っと〜〜〜、（指折り数えつつ）3音だと思います。※

そうです。3音っていうのは音楽において最も不安定な組み合わせと言えるんです。ファからシを見ても3音だし、シからファを見ても3音になっています。

なぜペンタで弾きまくると、なんとなく合っているように感じるのか、見えてきましたでしょうか？

あ、わかりました！　シとファがなければ、不安にもなりにくいんですね!!

そうなんですよ！　シとファっていうのは不安感を演出して、それが安定したコードへ向かう推進力を生むんですね。ところがペンタトニックでは最初から抜いているので、あまり“外した！”という感じがしない

※
ファとシの間隔

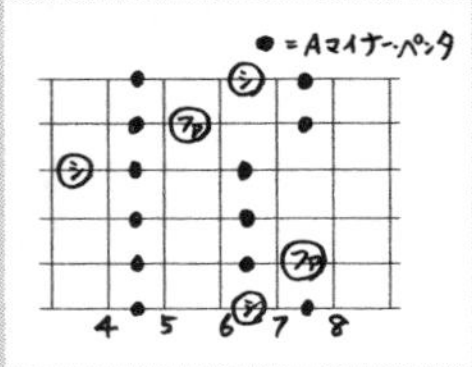

指板上で見ると、このような配置。

んです。だからこそ、コード音を全然把握していないギタリストでも、ペンタで弾きまくればそれなりのソロになるわけなんですね。

調味料で言うとクレイジー・ソルト※や味の素、中華だしみたいな存在とでも言いましょうか。あ、マヨネーズなんかもそうですかね。

調味料で言うと逆にわかりづらい感じもしますけど（笑）。

話を戻しますが（笑）、ジャズはいかに不安から安定への流れを演出するかに命をかけています。まさにファとシに代表される3音間隔こそ、不安感を演出する主人公なんです。その3音間隔が2組入ったディミニッシュ・コード・トーンこそ、ジャズらしさの骨頂と言えるんです。

もしかして、メジャー・スケールをどう組み合わせても、ファとシ以外では3音間隔って作れないんですか？

そうなんですよ。そんな馬鹿な！という人は家に帰ってから何時間でも試してみて下

※
クレイジー・ソルト
岩塩、スパイス、ハーブなどをミックスした調味料。どんな料理にでも合う。

さい（笑）。そんなわけで、ディミニッシュ・コード・トーンで不安感を煽り、次のコードでコード・トーンに着地すれば、誰にも後ろ指を指されないジャジィなソロになるというわけなんですね。

では、ジャズ教習所のコード進行は家に帰ってからも復習しておいて下さいね。

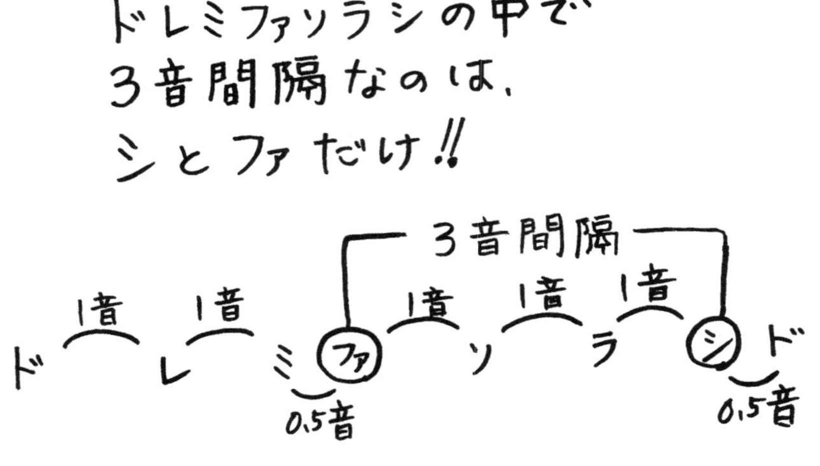

6章まとめ

CD TRACK 49

以下のまとめを読み、空欄を埋めてみよう。
わからない時は該当ページをチェック！

A7の構成音は（　　　　　　　）の4音
G7の構成音は（　　　　　　　）の4音

→P.134

3度の音を書き出すと、C△7（　　）、
A7（　　）、Dm7（　　）、G7（　　）

→P.138

シの音はC△7コードにとって
（　　　　）度の音になっている

→P.139

ラの音はDm7コードにとって
（　　　　）度の音になっている

→P.139

Dハーモニック・マイナーからDmのコード音を
取り除くとD（　　　　　　）コード・トーンになる

→P.147

Aマイナー・ペンタトニックは（　　）と（　　）の音を
含まないので適当に弾いても外した感じになりづらい

→P.150

弾いてみよう!

CD TRACK 50

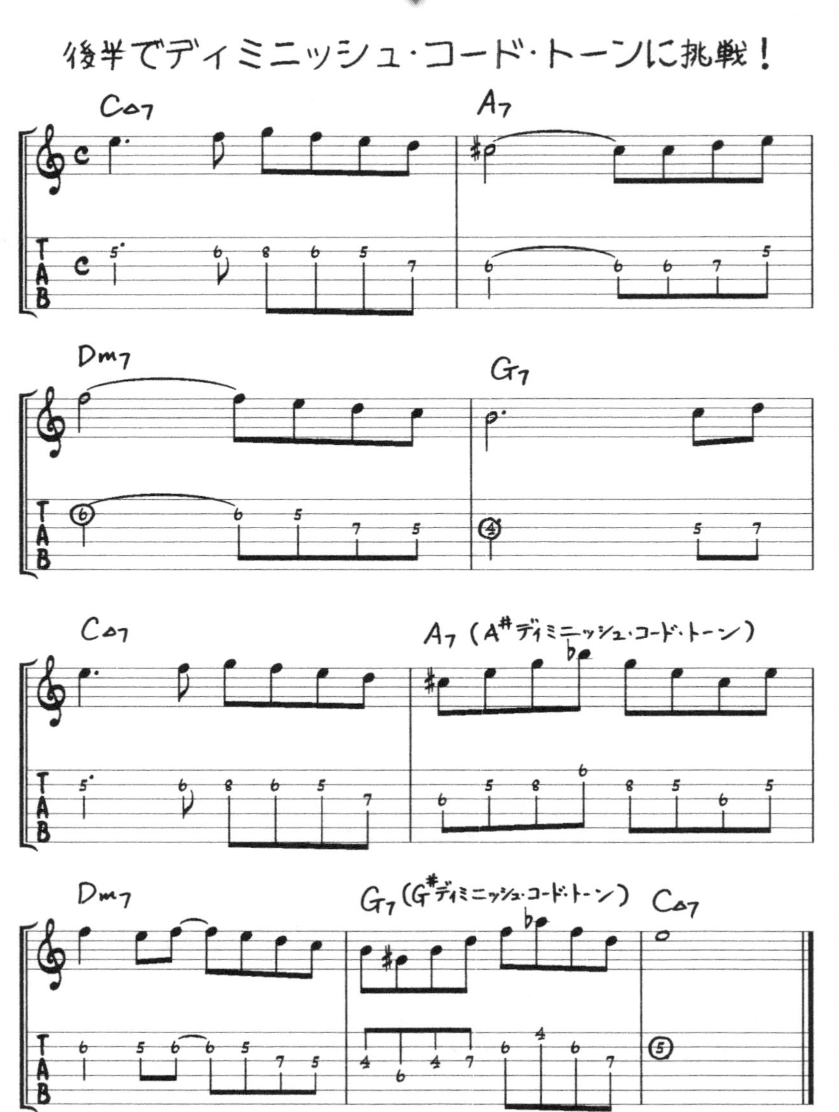

7章 ジャズらしいスケールとは?

はい、こんにちは！　突然ですが、サイン二乗＋コサイン二乗＝なんとかかんとかって知ってますか（笑）？

本当に突然ですね（笑）！　三角関数……かな？　$\sin^2\theta+\cos^2\theta=1$とか。

よく覚えていますね。シータって言えば、ラピュタに登場する女の子くらいしか思い出せないんですけど……自分から振っておいて酷いもんです（笑）。

三角関数の問題を解く時に、そんな公式※を覚えた気がしますが、みなさんも公式っていうものをいくつか覚えてきたことと思います。忘れちゃったりっていうことの方が多いかもしれませんが（笑）。算数、数学の授業で公式を習う時って、まずその公式がどのようにして生み出されたのかという説明があったと思います。問題を解くのに使うのは公式だけなので、テストまでにはどうしてこの公式ができたのかなんて忘れちゃうんですけど（笑）。

コード進行を解き明かす、コードをアレンジするといった場合にもそのような公式があって、そのひとつが前にも出てきた

※
三角関数の公式例

$\sin\theta=\frac{a}{h}$　$\cos\theta=\frac{b}{h}$　$\tan\theta=\frac{\sin\theta}{\cos\theta}$

（公式）
$\sin^2\theta+\cos^2\theta=1$

ツー・ファイブです。

ツー・ファイブは4度進行

Am7という暗いコードに落ち着くために、E7の前にBm7(♭5)を伴った、Bm7(♭5)→E7→Am7というコード進行を前々回に紹介しました。

このコード進行をツー・ファイブと言うってところまでは紹介したと思うんですが、もうひとつ特徴があります。ルートの動きですね。ルートだけ見ると、B→E→Aですけど、これは完全4度ずつ規則正しく動いていっているんです。※この4度進行っていうのは音楽において、最もスムーズにつながっている感じがするということで、ジャズでは非常に4度進行が多いんです。

メジャー・コードの場合は、Dm7→G7→C△7というツー・ファイブがありました。これもD→G→Cというルートの動きだけを見てみると、しっかり4度進行になっています。

そんなわけで、ジャズではセブンス・コードを見たら前にIIにあたるm7(♭5)もしくはm7がいることが多いわけです。それはあた

※
4度ずつ動く

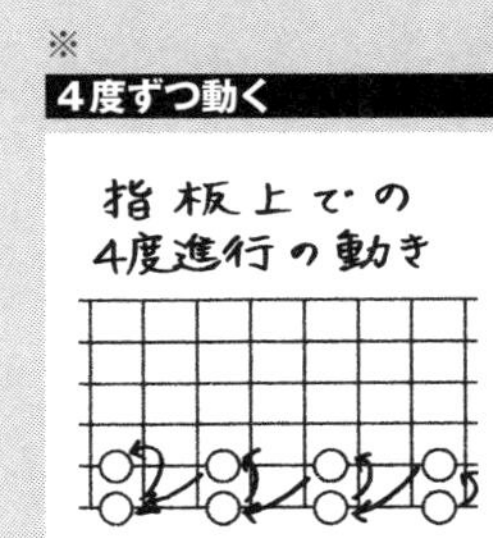

指板上で見ると、こんな動きになっている。

かも……なんだろう、納豆と言えば卵？

それは人によります（笑）！

そうですね（笑）。単にジャズのコード進行ではツー・ファイブが大事だってことだけなんですけど（笑）。

そんなわけで、Dm7→G7→C△7、そしてBm7(♭5)→E7→Am7っていうツー・ファイブが今まで登場していますが、今日はツー・ファイブをいかにジャズらしく弾くかということを見ていきましょう。

ジャズらしいオルタード

C△7→C7→F△7というコード進行があったのは覚えていますか？　ダイアトニック・コードではないC7のところではFに行くコードという解釈で、Fメジャー・スケールを弾き、F△7に到着したらCのキーに戻るという考え方を、金八先生の話※で解説したと思います。

ああ、世知辛い世の中っていう、あの話ですね（笑）。

※
金八先生の例
第5回を参照。

そうそう、それです（笑）。その時に、IV△7へ向かう部分転調は“7サゲ”、IIm7に向かう部分転調は“1アゲ、7サゲ”とか、そんなスケール・チェンジの話もしてきました。

で、なんでこの時にスケール・チェンジしてきたかっていうと、Cメジャー・スケール一発だと外した音を弾いてしまうからです。またそれは言い方を変えれば、Cメジャー・スケールで弾けるところは、良い子だからCメジャー・スケールを弾いていなさい、ということでもあります。“寝た子は起こすな”っていうことわざと同じく、スケール・チェンジがどうしても必要なところだけ対応したわけですね。そしてこれはポップス、ボサ・ノヴァ、ヘヴィメタ……など、どんな音楽ジャンルでも共通のスケール・チェンジです。つまり、このスケール・チェンジを弾いたからジャズというわけではないんですね。

言われてみれば、ポップスで同じコード進行が出てきた時にも、同じようなスケール・チェンジが必要なんですね？

そうなんですよ。ここから先は、標準的

なスケールがわかっていながら、あえてそこから外した音を取り入れていくというアプローチに向かっていきます。フツーに税金を納めていたけど、税理士の知恵を借りてきわどい判断を駆使して節税する、みたいな。あ、脱税じゃないですよ、念のため(笑)。そんな寝た子を起こしちゃうようなアプローチが、よりジャズらしさを生んでいくことになります。合っているか外れているかという醍醐味というんでしょうか。まさに瀬戸際外交と言えます。外交は余計か（笑)。

1940年代くらいから、用意されたスケールに沿って演奏するだけじゃなくて、別の個性的なスケールとかが使えないかなぁとミュージシャンたちが探ってきたものが体系化され、理論として一般的に使いやすい形に落ち着いてきたわけですね。それが現代のジャズ理論だったりします。

みなさん、オルタードっていう言葉を聞いたことはありますか？

(半数ほど挙手)

結構いますね。オルタード・スケールっていうものがあるんですが、これはジャズの代名詞とも言えるスケールです。たこ焼きと言えばマヨネーズ、お好み焼きといえば青のり、粗挽きソーセージと言えばマスタードっていうくらいジャズと言えばオルタードなんです（笑）。

CD TRACK 51

これから、オルタードを始めとして、ちょっと際どいスケールを紹介していきます。それにはスケールの構成音がどのようになっているのか、数字で理解していくことが大事です。

数字ってなんの数字ですか？

よく、コード・ネームに11とか13とか書いてあるでしょ？　もしくはG7の7とか。これはルート音に対してどんな関係の音であるかを表わしています。まあ、前にやった度数ですね。

表にしてみましたので、メジャー・スケールを基準にして、どこが高くてどこが低いのかなどを見ておいて下さい。

注意点としては、9とか11とか書いてあるところですね。ルートより1音高い音は何かな？と考えたら2度になりそうなものなんですが、コードのルートに近いところで2の音を弾くと、ルートとぶつかって濁りやすいので通常は1オクターブ高いところで弾きます。それが9という表記です。そのような形で2が9に、4が11に、6が13になります。

8が1オクターブ高い音になるんですけど、コードの中ではルートが高いところに鳴っていても別に関係ないというか、いてもいなくてもあまり問題ありません。なので、8っていうのはこの表の中にはありません。でも、8があると仮定して、その次の音だから9になっているんですね。

メジャー・スケールとオルタード7thスケールを数字で見る

⇩

ミとファ、シとドが半音→	ド		レ		ミ	ファ		ソ		ラ		シ	ド
数字によるネーミング→	1	♭9	9	#9	△3	11	#11	5	♭13	13	m7	△7	1
Cメジャー・スケール	1		9		△3	11		5		13		△7	1
Cオルタード7thスケール	1	♭9		#9	△3		#11		♭13		m7		1

※オルタード7thスケールは、オルタード・スケールや、単に「オルタード」と言ったりもする。

コード進行とスケールの話に戻りましょう。G7→C△7というコード進行において、G7で使えるスケールは何でしょう？

ダイアトニック・コードだからCメジャー・スケールがそのまま弾けますよね？

そうですね。ドレミファソラシドをそのまま弾いて、G7のコード・トーンを中心にすればコードの流れを演出できます。

G7から見て、ドレミファソラシドっていうのはどういう価値のあるスケールなのかを考えていきます。気をつけて下さい、Cから見てじゃないですよ。Gの音から見て、どんな数字になっているかですよ。

書き出すと、Root、9th、△3rd、11th、5th、△13th、m7th……このような7音です。全部覚えていく必要があるのかっていう意見もあるでしょうが、覚えた方がいいですね。もうメジャー・スケールだけで何もかも処理していくんだと決めてしまった人には必要がないかもしれませんが、これからいろいろなスケールを使ってアドリブをしたいと思っている人は覚えておいて絶対に損はありません。

これと比較するために、オルタード・スケールの数字を見てみましょう。

Root、♭9th、♯9th、△3rd、♯11th、♭13th、m7th……となります。

この中の♭9th、♯9th、♯11th、♭13thの音を、オルタード・テンションと言います。

テンションってよく聞く言葉ですけど、何なんですか？

緊張感を加える音と訳されますけど、日本語で緊張感というとあまり良いイメージではないかもしれないですね。“お前、今日はテンション高いな！”というカタカナの意味と同じような感じで、なんとなく張り詰めたような、テンションが高いような音です。テンションという用語の説明をしているのに“テンションが高い音がテンションです”っていうのはおかしいですけど（笑）。

コードに含まれる音の中で、ルート、3rd、5th、7th以外で、装飾的に入れられる9th、11th、13thのことをテンションと言います。この数字には、それぞれ♭や#が付く場合があります。♭や#を使って音をズラすという行為が、オルタード・スケールの語源である、Alterという言葉になります。変移するとかいう意味みたいですね。正式にはオルタード・セブンス・スケールとも言います。まあ、普通はオルタードだけで通じますけどね。

もともとのテンションから外れた音なので、かなりヤバい感じがするんですね。外れるか外れないか一歩手前、みたいな。

もともとのキーと関係ない音を、こうやって普通に弾いても大丈夫なんですか?

ええ、大丈夫なんです。ラフティングって知ってますか?　大きめのボートに乗って川を下っていくスポーツですけど。みなかみ温泉※のあたりに行くと、急流を下っていくラフティング※※を至るところで目にします。急流を下っていって、最終的には流れが穏やかなところに落ち着くわけですね。

急流の部分がG7であり、落ち着いた湖がC△7と言えます。急流では、乗っている人の意識っていうのは、“どこに行き着くか”という点に集中していると思うんですよ。つまり、川の中のどこを通っていくかっていうよりも、湖に行けるかどうかの方が大事で、

※
みなかみ温泉
群馬県利根郡みなかみ町付近の温泉のこと。

※※
ラフティング

未経験の筆者による想像図。

その目的を達成すれば細かいことは気にならないんですね。

G7を急流とすれば、どこに行くかということに意識があるので、最終的にC△7に落ち着くことができればどの音を使っても良いという、極論すればそういうことです。ロックで言うと、この時にグリッサンドとかアーミングとかで不安定な感じにするわけですが、ジャズでは響きが不安定な音をわざと選んで、急流の激しさを演出するんですね。その代表的なものがこのオルタード・スケールなんです。

不安定の代名詞コンディミ

コンディミっていうスケールもよく使われるんです。正式名称はコンビネーション・オブ・ディミニッシュというスケールで、その名の通りディミニッシュ・コード・トーンを2組合わせたような形になっています。音の間隔が半音、全音、半音、全音、半全、半全……と並んでいくスケールです。"判然としたスケールだ"と覚えておくといいでしょう（笑）。

CD TRACK 52

まあ、単純に半全スケールとして覚えて

おいたら順番にしか弾けないので、これも数字で覚えておくといいでしょう。

これ、弾いてみても全然ジャズっぽいお洒落な感じにならないんですけど……。

このコンディミに関しては、そのまま上下してもあまりジャズの雰囲気にはなりませんね。スケール練習っぽくなるでしょう?ジャズ・ギタリストは音を跳躍させたりして、よりインパクトを強めてから使っていること

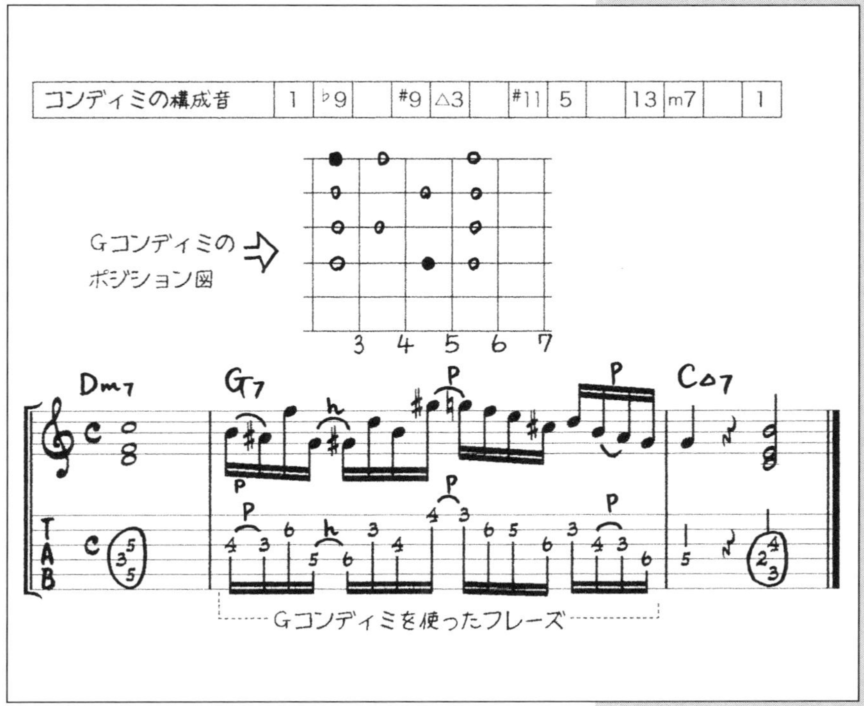

が多いようです。ここにコンディミの意表を突いたようなフレーズを用意しておきますので、あとで弾いてみると楽しいと思いますよ。

穴ではないホール・トーン

次が、ホール・トーン・スケールと呼ばれるものです。これはすべての音が全音間隔になっているものです。2フレット間隔ということですね。1オクターブは12音、つまり12フレットありますから、その中に6音入るということになります。

どの音も均等に割ってあって対等な関係であるが故に、どの音で伸ばしても落ち着いた感じがしません。

CD TRACK 53

ホールっていうのは……穴？

そうです。奈落の底に落ちていくような感じがするので、ホール……ではないんですよ！　缶詰のホールってわかります？　トマトとかコーンなんかで、ホール・タイプとそうでないものがあるんですけど、ホールっていうのは丸ごとっていう意味です。

丸ごとっていうのは全部とか、1個ですね。つまり、音楽の世界で“ホール・トーン”※っていうと、全音のことなんですね。半音はハーフ・トーンって言います。だからホール・トーン・スケールは“全音音階”ってことですね。なんのひねりもない、そのままの名前でした（笑）。

まあ、こういうスケールを使ってジャズでは不安なコードをより不安にして、着地の快感を増大させるっていうことですね。

アドリブを弾いている時って、バッキングを弾いている人に“これからホール・トーン・スケールを弾くぞ”とかのサインを出す必要はあるんですか？

これはジャズの大原則なんですけど、ソロを取っている人が一番偉くて、バッキングはそれについていくというのがルールなんですね。そこは前もって打ち合わせをしないというのが普通です。ソロを弾いている人が変わったテンション音なんかを強調してきたら、それを聴いたバックの人たちがそれに合わせていくということです。ジャズはそれだけアドリブを重んじる音楽であ

※
ホール・トーン
つづりはwhole-tone。半音はhalf-toneになる。

るわけですね。

なので、ソロを弾く時は自信を持った顔をしていれば万事OKであるとも言えます(笑)。

使えない音はない!

今日はいろいろな際どいスケールを見てきましたけど、ジャズでは“使えない音はない”という言葉まであります。今日見たオルタード、コンディミ、ホール・トーンなんかのスケールを組み合わせると、△7thの音を除いてすべてが含まれていることになります。そして、△7thの音も状況によっては使えたりするんですよ。

要するに全部ってことですね(笑)。

そうなんです。でも、ここで心に留めておいてほしいのは、“じゃあ、最初からクロマチックで適当に弾きまくればいいじゃないか”ってことではないんですよ。つまり、クロマチックの中からどの音を抽出するかがスケールの本質であって、どんなイメージで弾くかというのがスケールの選択になるわけです。

でも、ドミナントのところで適当に出鱈目に弾いてもいいんですよね？

もちろん、全フレットをクロマチックに弾くこともできるんですが、出鱈目すぎると逆に落ち着いた感じがしてしまうという危険性もあるんで、危ない音だけを選んだようなスケールが重宝されるんですね。適当に弾くと、いつの間にか普通のコード・トーンを強調していたなんてこともありますから、本当に不安定になるかどうかコントロールしづらいわけです。

それに出鱈目はどこまで行っても出鱈目であって、“こういう音を出したい”と思って出しているわけではないんですよね。そういうランダムさとか不安定さを楽しむ音楽っていうのも、もちろんあって良いと思いますが、ジャズのアドリブというのは“出したいと思った音を出す”のが王道なわけで、そこを目指して練習をするわけです。

確かに……。思い浮かんだ音が出せるっていうのは理想ですね。

だからこそ、クロマチック音階からイメー

ジ通りのスケールを抽出するためには、各音を9thとか△3rdなどの数字で把握しておくことが重要なんですよ。どのような音でそのスケールが構成されているのかを数字で把握することによって、自分のイメージ通りのフレーズが弾けるようになるんです。

こうやっていろいろなスケールを使えるって言うことは、同じG7でもいろいろな表現ができるっていうことなんですよ。日常生活で"こんにちは"だったり"おう!"だったり"本日はお日柄も良く……"だったりするように、表現っていうのは場面によって多彩に変わるものです。

その場の雰囲気に合わせて不安さ、危なさっていうものの質を変えていけることは、アドリブを重んじるジャズでは大事なことです。同じコード進行であっても、その場の雰囲気だったり自分の気持ちに合わせて、違う音を使えることになりますからね。

次回は、ちょっと難しめのコード進行に対してアドリブを弾いていくということをやります。"同主調"というジャズにとっては重要なコード進行になりますので、今までのところはできるだけ一通り復習してきて下さい!

7章まとめ

以下のまとめを読み、空欄を埋めてみよう。
わからない時は該当ページをチェック！

Bm7$^{(\flat 5)}$ →E7→Am7というコード進行では
ルート音の流れが完全（　　）度進行になっている

→P.157

IV△7に向かっていく部分転調は
（　　）サゲと覚えればスケール・チェンジが簡単

→P.159

IIm7に向かっていく部分転調は（　　）アゲ
（　　）サゲと覚えればスケール・チェンジが簡単

→P.159

オルタード・テンションを多く含むスケールが
（　　　　）7thスケール

→P.162

ディミニッシュ・コード・トーンをふたつ
組み合わせたのが通称（　　　　）と呼ばれるスケール

→P.166

すべての音が全音間隔で配置されているのが
（　　　　　　）スケール

→P.168

弾いてみよう!

オルタード、コンディミ、ホール・トーンを弾く

Dm7 G7 C△7

Gオルタード7thスケール

Dm7 G7 C△7

Gコンディミ

Dm7 G7 C△7

Gホール・トーン・スケール

各スケールのポジション図

↓

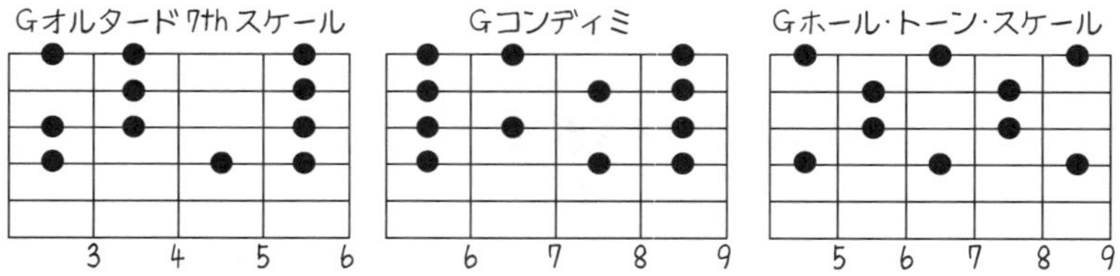

Gオルタード7thスケール

3 4 5 6

Gコンディミ

6 7 8 9

Gホール・トーン・スケール

5 6 7 8 9

8章 ジャズの頻出コード進行を攻略！

前に、C△7→A7→Dm7→G7という4小節のコード進行を取り上げましたが、あれはジャズ教習所の直進&ストップで、車の運転で言うとアクセルとかブレーキの使い方がわかったという段階でした。ということで次の目標はジャズ教習所内一周です。

CD TRACK 56

あのあと思い出したんですけど、教習所に通ってた頃、もうすぐ路上っていうところで1回落とされたことがあるんで何となく気が進まないんですよ……。

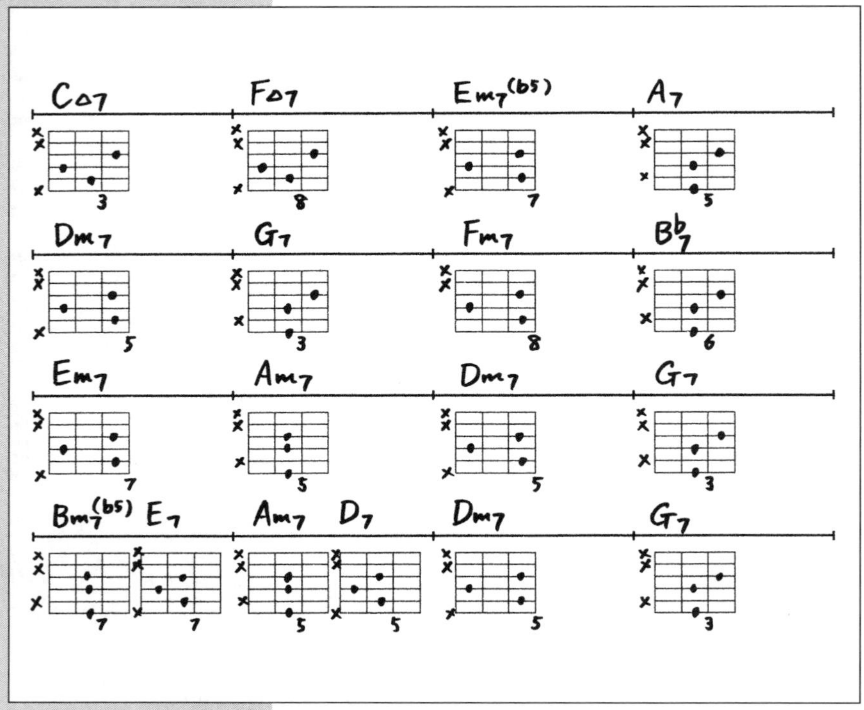

まあ当時のトラウマをなんとか克服する意味でもトライしてみましょうよ！と言いつつ、さらなるトラウマになってしまわないように、しっかり聞いて下さい（笑）。

とりあえず、このコード進行を弾いてみましょうか。なかなか滑らかというか、お洒落な雰囲気が簡単に味わえるコード進行です。ちょっと哀愁を帯びている感じもします。

コードを弾くだけならいいんですが、これに乗せてアドリブを弾くとなると事態は一変してきます。

このコード進行上で、どんなスケールを使っていけばいいかわかりますか？

う〜〜ん、Cメジャー・スケールとかが合いそうな感じはしますけど。

全体のコードを見ると、最初がC△7だし、最後がDm7→G7のツー・ファイブからC△7に戻る形になっているので、なんとなくCのキーじゃないかなという想像はつきますよね。

そこまでわかったら、あとは実践あるのみ！ということで、ではとにかく弾いてみましょう。

え、そんないきなり無茶ですよ（笑）！

想像してみて下さい。ライブの打ち上げの飲み屋に楽器が置いてあって、鍵盤を弾けるPAスタッフが何となくコードを弾き始め、それにあわせてアドリブを弾く空気になってしまった。みんながあなたのギターに注目している……（と言い終わらないうちにカウントが入る）。

CD TRACK 57

ええ～～～!? （演奏後）先生、ひどいですよ～！　なんか全然合わなかったし……。

すみませんね、これも通過儀礼と言うことでどうかお許しを。間違えてみるというのも大事で、そこからいろいろな発見が生まれるっていうことがあるんですよ。

今はCメジャー・スケールを中心に弾いていたと思いますが、ところどころで合わないと感じ、自信を喪失し、音もどんどん弱気になっていくという、デフレスパイラルを体験されたことと思います。

まあ、確かにそんな感じです……。

でも、このコード進行はそんなに悩まなくても、半分以上はCメジャー・スケールで弾けちゃうんですよ！

Cメジャー・スケールで弾けるかどうかというのは、ダイアトニック・コードを見ていけばいいんです。Cメジャー・スケールのダイアトニック・コード7種類を、復習がてら口に出して言っていきましょう！

C△7、Dm7、Em7、F△7、G7、

Am7、Bm7(♭5)

Key=Cのダイアトニック・コードに○を付けてみる。

C△7 / I△7	F△7 / IV△7	Em7(♭5)	A7
Dm7 / IIm7	G7 / V7	Fm7	B♭7
Em7 / IIIm7	Am7 / VIm7	Dm7 / IIm7	G7 / V7
Bm7(♭5) / VIIm7(♭5) E7	Am7 / VIm7 D7	Dm7 / IIm7	G7 / V7

はい、よくできました！　それらのコードにあてはまるものに、丸を付けてみて下さい。合計何個になりますか？

えっと……12個ですね。

そうですね。その12箇所については、Cメジャー・スケールの音を使うのが標準的であると言えます。Cメジャー・スケールはもう弾き方もある程度わかるでしょうから、問題はそれ以外の場所なんですね。

じゃあ、丸が付いてないコードはお休みということで（笑）。

休符も音楽のひとつである、とも言えるんですけど（笑）、ここは勇気を出して、丸が付いていないところでもアドリブを弾くという方向で行きましょう。弾いて失敗する過程を飛ばして僕が解説を始めちゃうと、“そんなの当たり前だよ、最初から気がついてたよ”と錯覚しやすいんですね。あえて弾いてもらったことで、ダイアトニック・コードが多いことに気がつかなかったと、はっきり自覚してもらえたと思います。

部分転調を探る

各コードを細かく見ていきますね。3小節目のEm7(♭5)ですけど、Cメジャーのダイアトニックであれば Em7になるはずですよね？　なんでEm7(♭5)になっているんでしょうか？　ヒントはツー・ファイブです。

あ、わかった！　Dm7から見ての、ツー・ファイブのⅡじゃないですか？※

そうそう、まさにそうなんです！　この、Em7(♭5)→A7というツー・ファイブの役割はDm7に向かって盛り上げていくというものです。だからCメジャーのキーから外れているけど、Dm7へ向かうということで、ここに入れられているんですね。

このように、コード進行を解釈する時のコツっていうのは、うしろから見るようにするっていうことですね。うしろから前を見てみると、全体像が理解できてくるわけです。これはぜひ覚えておいて下さいね。

さあ、他にもダイアトニックでないところをざっとチェックしていきましょう。7小節目、8小節目のFm7→B♭7ですね。これはど

※

Dm7に向かうツー・ファイブ

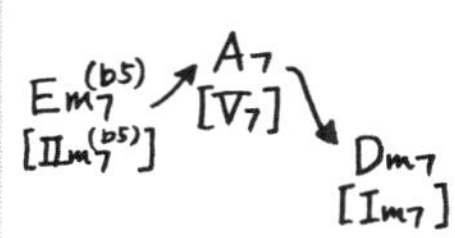

うですか？

あ、これもわかりましたよ！　Em7に向かうツー・ファイブですよね!?

いやいや、違いますよ！　よく見て下さい。Em7から見たFm7って、本当にツー・ファイブのツーになっていますか？　EとFって半音違いですよね？

本当だ。ということは、Fm7→B♭7だと、次は“E♭なんとか”っていうコードじゃないとおかしいんじゃないですか？

おお、良いところに気がつきましたね！　ツー・ファイブの公式では、Fm7→B♭7はE♭△7というコードに向かっていくコード進行なんですよ。※

ここで大きな疑問が湧いてきますよね。なんでCのキーなのに、E♭キーのツー・ファイブが入っているのでしょうか？

詳しく解説していきましょう。メジャー・キーには同じ調号のマイナー・キーが存在しますよね。Cメジャーであれば Aマイナーのキーです。キーがE♭だと、何マイナーの

※

Fm7→B♭7

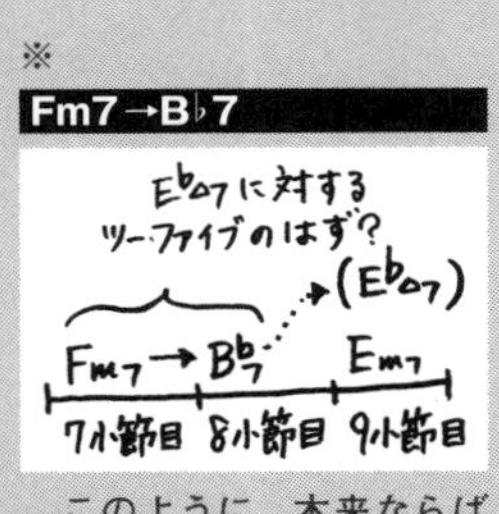

このように、本来ならばE♭△7へ行くように思えるが……？

キーと同じ音になるでしょうか？

いや、知らないんですけど……それはどうやって考えればいいんですか？

これは簡単に探すことができて、メジャー・キーの落ち着く音から1.5音下がったところがマイナー・キーの落ち着く音です。ギターで言うと3フレット分、下に下がれば良いんですね。Cメジャーだったら A マイナー、E♭メジャーだったらCマイナーのキーになります。

このふたつのキー、つまりCメジャーとCマイナーはどちらもC音で落ち着くキーになります。Cつながりというか、とにかく無関係とは言えない感じがしませんか？

三菱商事と三菱自動車みたいな感じですかね（笑）？

社名は共通しているけど事業は別ってことですか？　合っているような合っていないような微妙な感じですが……いや、よくよく考えるとその例は合ってない気がします（笑）。

Cメジャー・キーはC音で明るく落ち着くキー、Cマイナー・キーはC音で暗く落ち着くキーです。明るい、暗いの違いはありますけど、C音で落ち着くと言うことには変わりがないわけです。

ところで、落ち着く音のことを音楽では“主音”と言います。同じ主音を持っているキー、それがCメジャー・キーとCマイナー・キーなんですね。この関係を、“同主調”と言います。

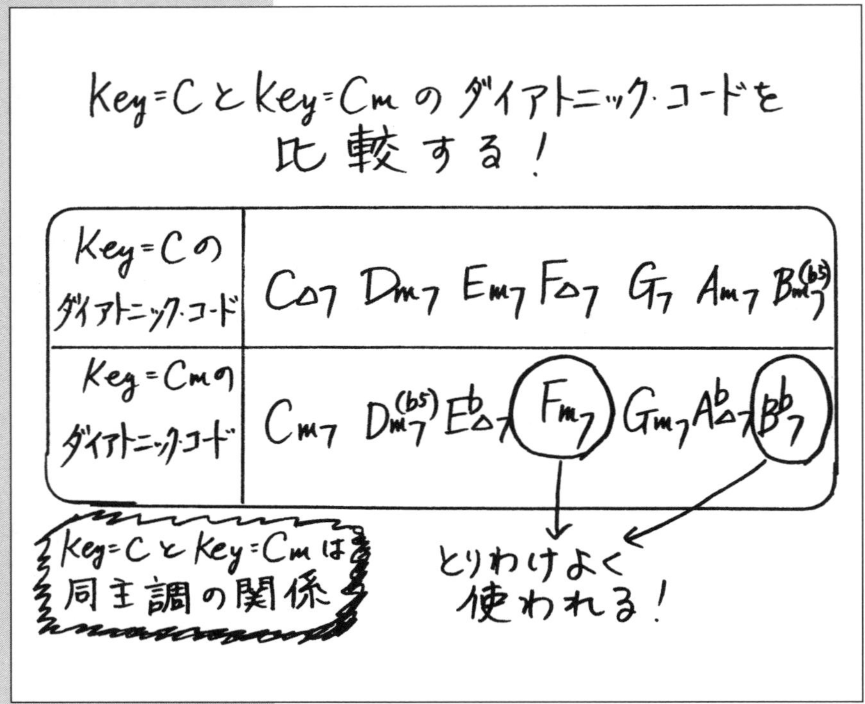

どっちから見ても良いんですか？　Cメジャーから見たCマイナーも同主調、Cマイナーから見たCメジャーも同主調ですか？

そうです。お互いに同主調の関係でありますね。で、これを知っていると何が良いのかっていうと、同じ主音を持つ同主調のダイアトニック・コードは、貸し借りができるっていうことなんですね。Cメジャーのキーだったら、Cマイナーのキーのダイアトニック・コードを持ってきて使えるっていうことです。

基本的にCマイナーのキーっていうのは、E♭メジャーと同じ音から成っているわけですから、Cメジャー・キーの中に、E♭メジャー・キーのダイアトニック・コードを使っても自然な流れが作れます。

じゃあ、例えばCのキーなのに、ほとんど全部のコードをE♭メジャー・キーのダイアトニック・コードから持ってくるっていうこともできるんですか？

はい、理論上は可能ですよ。ただ理論上で可能なのと実際にそれをやってみてカッコ良いかどうかっていうのは、また別の話なんですね。

最も多用されるパターンっていうのは、この譜例のようにE♭△7に向かっていくツー・ファイブなんですね。他にも、Cm7に向かうツー・ファイブである、Dm7$^{(\flat 5)}$→G7を持ってくるっていうのもよくあります。まあ、だいたい貸し借りできるといってもこれくらいが普通ですね。

というところを考えると、Fm7→B♭7という2小節間は同主調であるCマイナー・キーへワープしていることになります。だから、この間はCマイナー・スケール、より正しく言うならCナチュラル・マイナー・スケールで弾くのが標準であるということになるんですね！　Cナチュラル・マイナーで弾く、と書き込んでおいて下さい。※

この同主調という概念はジャズにおいては非常に重要で、メジャー・キーの曲なのになんとなく憂いを感じるというか、どことなく暗い、みたいな雰囲気を作れるんですね。この暗さ、もの悲しさというのがジャズらしさにつながっているところなんです。だから、アドリブにおいても、同主調であることを見抜いてマイナー感を出せることが、

※

Cメジャー・スケールとCナチュラル・マイナー・スケール

Cメジャー・スケールのポジション

Cナチュラル・マイナーのポジション

ジャズらしい演奏をするためのポイントなんですね。だから、同主調はちょっと難しいところなんですけど、ぜひ押さえておいてもらいたいんです。

3段目はどうですか？　何のスケールで弾いていけばいいか、わかりますか？

これは全部に丸が付いているから、Cメジャー・スケールだけでもいけるんじゃないですか？　何か、そんなに簡単でいいのか逆に怪しくなってきますけど（笑）。

これは特に裏はないですよ（笑）。その通り、Cメジャー・スケールで弾き通すことができます。ただ、もちろん今までも言っているように、コード・トーンを中心にしてアドリブを取っていくと、コードの流れが表現できてスムーズになるというのは、ここでも同じことですね。

続く4段目です。最初の小節、$Bm7^{(\flat 5)}$→E7というところはどうですか？

これは前にも出てきましたよね？　Am7に向かっていくツー・ファイブです。

1
2
3
4
5
6
7
8
9
10

随分自信がありそうですが……もちろん、それで正解ですね（笑）。E7の時にはAハーモニック・マイナー・スケールを弾くのが標準になります。

その次に行ってみましょう。D7というコードが出てきましたが、これはダイアトニックではないですよね？　ダイアトニック・コードの中で、なんとかセブンスとなるコードは何番目でしょうか？

1番目はメジャー・セブンスだし、2番目はマイナー・セブンスだし、ええっと、あ、5番目のコードですね。※

※
コードの順番
今一度、確認しておこう！
I△7
IIm7
IIIm7
IV△7
V7
VIm7
VIIm7(♭5)

よくできました。Key＝CではG7でしたね。ここでは、そのセブンス・コードがD7なので、D7を5番目とするコードは何のキーになるか考えてみましょう。

あ、わかった！　キーがGだったら5番目のコードがD7になりますよね？　でも、D7の次にGとかG△7が来てないです……。

Dm7になっていますよね。Dm7の次がG7になっています。この場合、D7はDm7をまたぐようにしてG7に向かっていると考えられるんです。

そんなのもありなんですか？　しかもG△7じゃなくて、G7に行くんですね。

G7の“7”であるm7thの音は装飾的な機能ということで、Gコードとして考えてみれば良いんです。どうしてDm7をまたぐというか、無視してG7に行ってしまうのか、簡単に擬人化してみます。

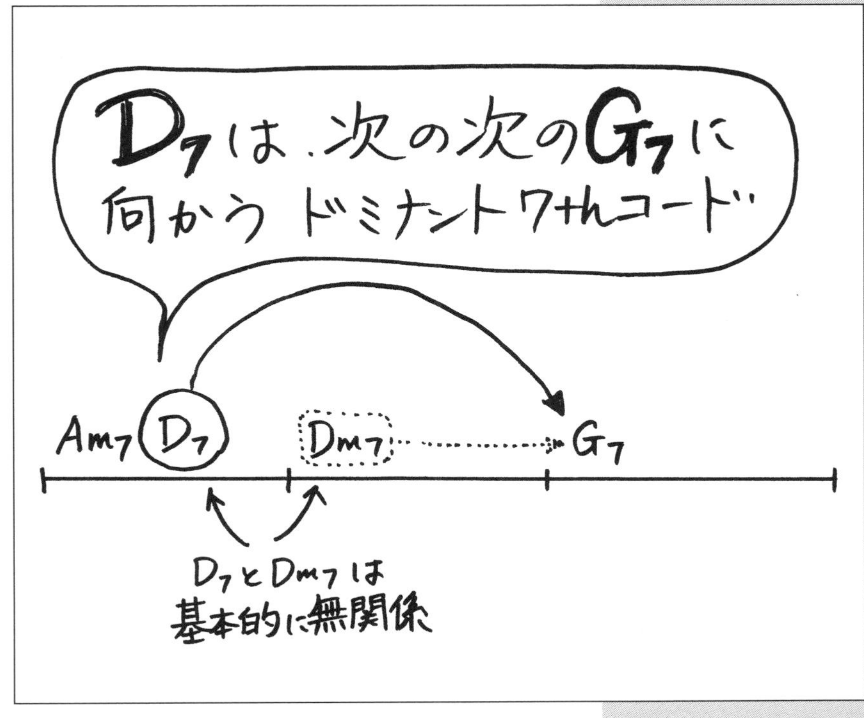

G7コードに向かうD7っていうのは、“お～い、Gのコードよ、早く出てこい！”と呼ぶような性質を持っています。すると、G7が“いや、俺だけだと心細いから、サブドミナントのDm7を補助として付けてくれないか？”と懇願した、そんな状態になっているんです。

ドミナントなのに、そんなに弱気でいいんですか（笑）？

まあ実際のところ、Dm7→G7という箇所は、G7一発でも構わないんですよ。でもG7としては“俺だけで2小節はちょっと間が持たないよな”と思ってしまったんですね。この時はちょっと弱気だったという（笑）。

その辺は場面や雰囲気によって違っていて、ドミナントの前にサブドミナントを入れるかどうかはオプションというか、流れをスムーズにしたいんだったら有効な手段であると言えますね。逆に、G7の不安定感を思いっきり強調したい時には、こういうDm7のようなサブドミナントを省いてしまうこともあるでしょう。

このように、セブンス・コード一発でも問

題ないところをツー・ファイブにすることを、ジャズの世界では“ツー・ファイブ化する”と言います。ジャズでは基本的なコード・アレンジの手法なんですね。

もともとツー・ファイブじゃないところまで、ツー・ファイブのコード進行にしてしまうってことですか？

そう、ジャズでは当たり前のように行なわれていて、暇さえあればツー・ファイブ化して演奏してしまうんです。

標準スケールのまとめ

そんな感じで、コード進行の分析を一通り見てきました。ざっと標準スケールを書いておきますね。今まで説明したところで、だいたいわかると思います。

7～8小節目はE♭メジャー・キー＝Cマイナー・キーへ転調していますから、Cナチュラル・マイナー・スケールです。シとラとミに♭が付くので、“シラミ”と覚えておけばいいですね。かゆそう（笑）。

3段目はOKですね？　すべてKey＝Cのダ

イアトニック・コードなので、Cメジャー・スケールです。

4段目は、E7でAハーモニック・マイナー・スケール、D7はGのキーに向かっているので、Gメジャー・スケールで弾けばいいんです。

じゃあ、解釈が終わったところで、アドリブを弾いてみましょうか？

え、またいきなり……。まだ頭でわかっただけで、何も弾けないんですけど……。

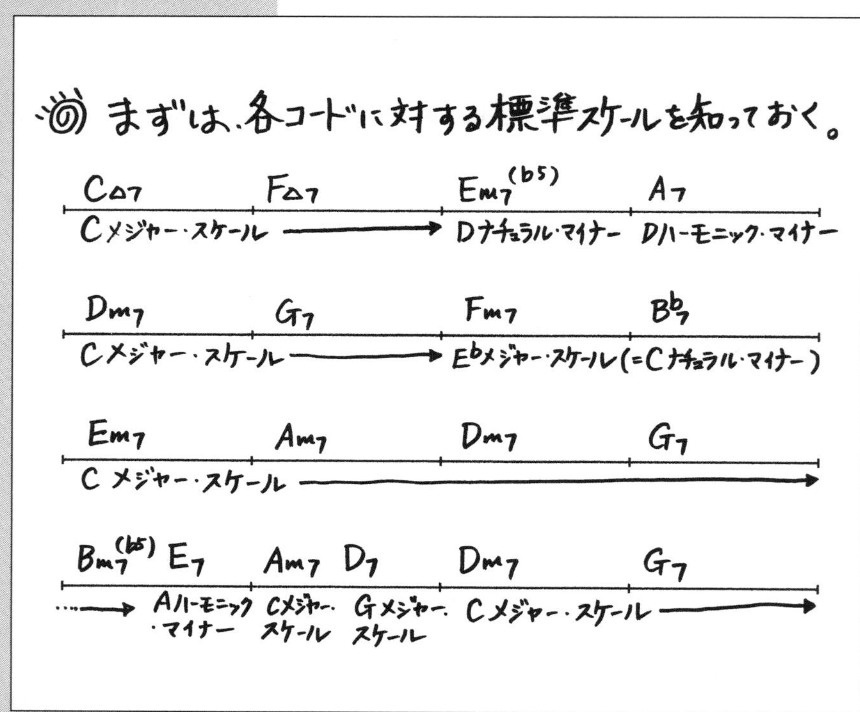

そうなんです。スケールがわかっても、それが指板上の音と結びつけられるかどうかは別問題ということで、いきなりは難しいでしょう。

いかに楽をして弾けるかということに着目をして、覚えやすいようにスケールの音を確認していきましょう。

もとのスケール、ここではCメジャー・スケールですけど、ここからどこの音を上げて、どこを下げたかで覚えていくんですね。

サブドミナントのメジャー・キーに行く時は“7サゲ”です。Fメジャー・スケールとDマイナー・スケールはこれで弾けます。

4小節目はDm7に行く手前のツー・ファイブですから、ハーモニック・マイナーになるんですね。ここではDハーモニック・マイナー・スケールです。“7サゲ、1アゲ”で覚えましょう。

7～8小節目はさっき言った“シラミ”を下げる、Cナチュラル・マイナー・スケールです。弾く時は“3、6、7サゲ”の方がわかりやすいでしょう。

4段目のE7はAマイナーに行こうとしているので、Gの音が半音上がってAの音にギリギリまで近づきます。ソは第5番目の音ですから、“5アゲ”ですね。

D7はG7に行こうとしているんですが、キーの名前としてG7というのはないので、G△7に行こうとしているものだと考えて弾きます。Gメジャーのキーはファに#が付くので、“4アゲ”と覚えておけば弾けるでしょう。

ここまで一気に来ましたけど、これでミス・トーンなしに弾くことが可能になったわけです。

ここのダイアグラムを載せておきました。

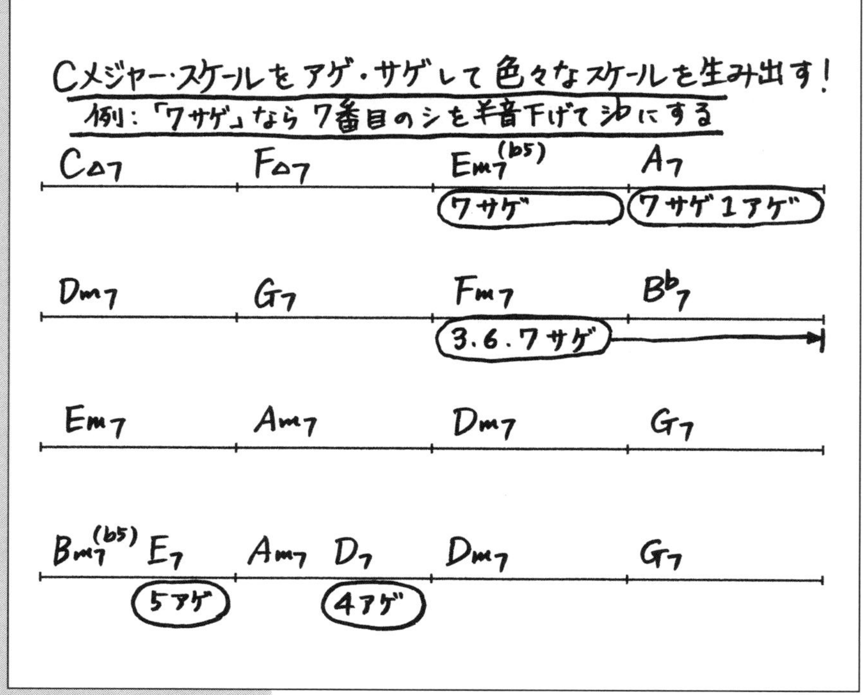

これに沿ってアドリブを弾いてみますので、聴いて下さい。

CD TRACK 58

なるほど〜、これだけでも随分ジャズっぽくなるんですね！

そうですね。ところが、これで終了！……と、ならないところがジャズなんです。

スケールだけがわかっても、スケールを勘に頼って弾くだけではあまり良いアドリブにはなりません。やっぱり、コード・アルペジオがちゃんとできるようになって、コード・トーンを利用できるというのがいいでしょう。

このコード進行を見ながら、コードの構成音をパッパッと言って覚えましょう。

♭がつくところは間に合わないですから、頭の中では♭と言っているつもりで、弾きながら言ってみましょう。

CD TRACK 59

それが確実に言えて、弾けて……っていうことができるようになって、しかもその間のスケールの音がわかってくると、初めてアドリブのスタート地点に立ったとも言えるわけです。縦の意識と、横の意識っていうのが確立されているんです。イメージとい

※
各コードの構成音
しっかり覚えてから言えるようにしよう！
C△7＝ドミソシ
F△7＝ファラドミ
Em7(♭5)＝ミソシ♭レ
A7＝ラド♯ミソ
Dm7＝レファラド
G7＝ソシレファ
Fm7＝ファラ♭ドミ♭
B♭7＝シ♭レファラ♭
Em7＝ミソシレ
Am7＝ラドミソ
Bm7(♭5)＝シレファラ
E7＝ミソ♯シレ
D7＝レファ♯ラド

うと、ウルトラマンのポーズでしょうか。シュワッチ！みたいな（笑）。はい一緒にポーズをとってみましょう！※

みんなでやると凄い光景ですね（笑）。

話を戻すと、標準のスケールというのは、時間に対して水平方向の横の流れです。コード・トーンっていうのは、垂直方向の縦の流れです。この両方の面から音を捉えていくことで、自分のプレイを的確に分析することができるようになるんですね。

ジャズの道は厳しく長い！

さらにですよ、ここにプラスして、前回やったオルタード・スケールとかディミニッシュ・コード・トーンなんかを加えていくのがジャズなわけです。むしろ、ここまでは基礎練習みたいなものですから、実際のプレイとはまた違うんです。アルペジオを練習しまくっても、本番ではそれをあまり弾かないというのがジャズだったりするんですね。堅い文章が書かれている原稿を見ながら、自分なりの言葉に替えて語るニュース・

※
縦と横の意識

縦＝コードの中で何度の音か、横＝スケールの中でどんな音か、という両面の意識が必要。

キャスターみたいなイメージです。

と言うのも、ジャズではその場でのフレーズ創造というのが第一目標にあるんで、単なる練習成果のお披露目ということにはあまり価値を置かない傾向があるんです。

前回取り上げたオルタード・スケールやディミニッシュ・コード・トーン、コンディミなどを使うと、さらにジャジィにしたソロも弾くことができます。この辺は実際に使ってみないとわからないところが多いので、何度もくり返しやってみる必要がありますね。

一応聞きますけど……今日やったコード進行ってジャズの中でも結構難しい部類なんですよね？

いえいえ！　これでようやく路上教習に入れるかどうかってところです（笑）！

具体的には、キーがCっていうのはジャズにおいては少ないんです。管楽器で吹きやすいと言われるFとかB♭、E♭のキーが多いんですね。わかりやすくするためにCのキーで解説してきましたけど、実際はいろいろなキーで理解できるようにならなければばならないんです。

ただ、ロック・ギタリストが“ジャジィなのを弾いてみたいな”と思った時に想像されるような曲に関しては、今回のコード進行をみっちり練習することで、かなり対応できるようになるはずです。

難しい曲でも、ちゃんと今回みたいに分析がすっきりできるものなんですか？

実はできないことも多いです。現実の楽曲では、あえてコード理論に沿わないようにされていることもありますし、メロディに合わせて変わったコードが付いていることもあります。ただ、それも“本来はこんなコード進行を想定して、あえて裏切ってこうしたんだろう”という分析ができてこそ、ちゃんと弾けるようになるわけですね。

8章まとめ

以下のまとめを読み、空欄を埋めてみよう。
わからない時は該当ページをチェック！

複雑に見えるジャズのコード進行でも
大部分は（　　　　　　　　　　）で構成されていることが多い

→P.180

ツー・ファイブの公式では、Fm7→B♭7は
（　　　　）というコードに向かって行くと予想できる

→P.182

Cメジャー・キーとCマイナー・キーの関係は
（　　　　　）と呼ばれる

→P.184

D7というコードは、（　　）メジャー・キーの
5番目のダイアトニック・コードと考えられる

→P.188

Cメジャー・スケールと比べて、Cナチュラル・
マイナー・スケールでは（　　　　）の3音を半音下げる

→P.191

実際のジャズでは管楽器で演奏しやすいと言われる
（　　）、（　　）、（　　）のキーが多い

→P.197

弾いてみよう!

ジャズ教習所内一周にチャレンジ!

8章　ジャズの頻出コード進行を攻略!

9章

ジャズ・ブルースはこれで弾ける!

1 2 3 4 5 6 7 8 9 10

今日は、ブルースをテーマにやっていきます。ブルースっていうのはジャズという音楽とは別のジャンルではありますが、ジャズのルーツであると言われていることや、ジャズとブルースがお互いに影響を与え合ってきたという歴史から考えても、両者は切っても切れない関係であると言えます。

そしてまた、みなさんが普段から親しんでいるロックのルーツもまたブルースだと言われています。だから、ブルースとジャズが結びつくようになれば、ロックを弾く時にも役立ちそうだなっていうのも何となくイメージできると思います。

でも、ロックとジャズってあまり似ていないですよね。

松田聖子に似ていると言われる人同士はあまり似ていない、という感じですかね(笑)。どちらもブルースがもとになっていても、その後の発展の仕方が異なっていたので別のものになったんでしょうね。

とにかくここではブルースとジャズの融合とも言えるジャズ・ブルースというコード進行を取り上げたいと思います。融合って言っても、ジャズ・ミュージシャン側が、ブルースを取り込んで、ブルースのコード進行にジャズ流の理論を放り込んだという感じです。

まず、ここに示すのがブルースの3コード進行ってやつです。

CD TRACK 62

あ、これは見たことがありますよ。12小節で1周ってことですよね。

そうです。このコード進行だと、マイ

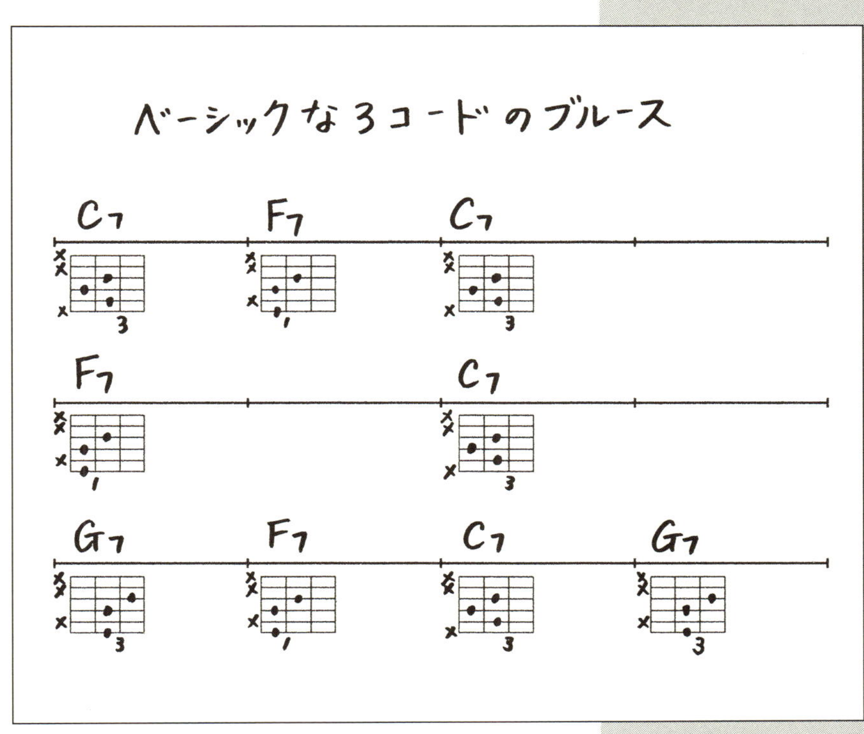

1 2 3 4 5 6 7 8 9 10

ナー・ペンタ一発でもそれなりにカッコ良いソロが弾けたりするので、ちょっとバンド練習の時に遊ぶような場合でも使ったりします。

ここまでずっとキーCで来ているので、このブルース進行もキーCで考えていきましょう。実際には、ブルースのセッションだとEとかAが多いでしょうね。また、このあとに出てくるジャズにアレンジされたブルースはFが圧倒的に多いようです。

ブルースとジャズ・ブルース

このブルース進行は、C7、F7、G7という3つのコードが配置されている、12小節サイクルのコード進行です。黒人の方々が、このコード進行に乗せて人生の悲哀だとか、日常のいろいろなエピソードを歌っていたのがブルースのルーツだと言われています。“あの娘に惚れてるけど、あいつは俺を見てくれねぇ～”とか、“朝起きたら女房が出ていっちまってた～”とか、“あのムカつく野郎の奥さんは俺と浮気してるぜ～”とか、そんな歌詞も多いんですが（笑）。

これを複雑にアレンジしていったのが、

ジャズ・ブルースになります。

CD TRACK 63

全然別ものですね！　せっかくシンプルだったのに（笑）。

そうですね（笑）。ブルースっていうのは歌をメインにした音楽だったんで、そのままのコード進行だと楽器演奏で表現するしかないジャズ・ミュージシャンたちは本領を発揮できなかったということがあるかもしれませんね。

ジャズ・ブルースのコード進行

C7	F7	C7	Gm7 C7
F7	F#dim	C7	Em7(♭5) A7
Dm7	G7	C7 A7	Dm7 G7

ジャズ・ミュージシャンたちは、このブルースの3コードに、ダイアトニック・コード理論をあてはめていくことで、なんとかジャズの曲としてアレンジしていったんです。復習がてら、Cのキーのダイアトニック・コードを7種類言っていただけますか？

C△7、Dm7、Em7、F△7、
G7、Am7、Bm7(♭5)

はい、そうですね！　これをどこかに書いておきましょう。今回はここをちょくちょく参照することになりますからね。

ブルースのコード進行で特徴的なのは、3段目のG7→F7→C7※という流れです。ここはブルース特有のケーデンスであると言われています。

※
G7→F7→C7

9小節目から11小節目が"ブルース特有のケーデンス"

え？　これはどこがサブドミナントでどこがドミナントなんですか？

これが難しいところで、サブドミナント→ドミナント→トニックという通常のケーデンスではないんです。ジャズの理論書なんかを見ても、ここは"ブルース特有のケーデンスである”として済まされていることが多いですね。つまり、ダイアトニック・コードの理論では説明ができないようなコード進行なわけです。

ブルースっていうのは始まりのコードからしてなぜかセブンス・コードだし、セブンス・コードには△3rdが含まれているのにマイナー・ペンタ一発でも違和感なく弾き切れちゃうし、3段目が変なコード進行でもちゃんと終わった感じがするしっていうことで、理論ではどうにもならないんですね。あるブルース・ミュージシャン※は悪魔と取引きをして魂を渡す替わりにブルースを演奏できるようになった、という伝説が残っているほどで、ヨーロッパの音楽から来ているダイアトニック・コードという考え方から見たら、まさに悪魔的な感じがするものなんです。

悪魔的っていうほどの凄い違和感はないですけどね（笑）。聴き慣れてるせいかもしれないですけど。

ブルースって実は奥が深いんですね。

そうなんですよ。でもブルースの追求は

※
あるブルース・ミュージシャン

ロバート・ジョンソンのこと。彼の代表曲に“四つ辻で悪魔と取引きした”と歌う「クロスロード・ブルース」がある。のちに別の歌詞を付け加えてアレンジされたのが、エリック・クラプトンが在籍したクリームによる、ロックの名演「クロスロード」。

この辺にしておきます（笑）。ブルースを専門に研究している人は今でもたくさんいて、この話をずっとしているだけでも一冊の本になっちゃうくらいのボリュームがあるんですよ。この講義はあくまでも、ジャズの演奏についてのもので、今回もブルースは本筋の話ではないですから（笑）。あくまでもジャズの中でのブルースという話に限定していきますね。

ツー・ファイブを活用！

ジャズ・ミュージシャンたちは、ブルース特有のケーデンスを取り除き、ダイアトニック・コードによるケーデンスに置き換えました。

終わりのコードはC7っていうことになっていますが、7っていうのはブルースっぽいニュアンスを出すための装飾であって、Cコードが本体だと言えます。だからCコードに向かうケーデンスを考えてみましょう。

ジャズのケーデンスで代表的なものはツー・ファイブがありましたよね？　Cコードに向かうツー・ファイブは何だったでしょうか？

これはわかりますよ！　Dm7→G7ですよね？

そうですね。3コード進行に加えてみると、このような形になります。※ ちょっと聴いてみて下さい。

……どうでしょうか？　これだけでも、洒落た感じになりましたよね？　反面、ブルースの泥臭さは薄くなってきたっていう感じでしょうか。

このようにどんどんお洒落にしていくのがジャズ・ブルースです。他のコードについても見ていきましょう。

前回のジャズ教習所内一周でも部分転調が頻繁に出てきましたよね。行き先のコードにとってのツー・ファイブをあてはめて勢いを付けるという方法でした。今回のブルースも基本は同じです。

4小節目と8小節目っていうのは、次の段につながるためのスペースになっています。ここで区切りになっていますね。だから、ドラムでブルースを演奏する時は4小節目や8小節目に軽くフィルを入れたりすることが多いです。

ここにツー・ファイブを入れることを考え

※

**9小節目に
ツー・ファイブを入れる**

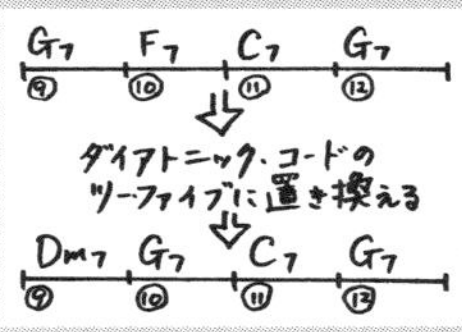

Cに向かうツー・ファイブとしてDm7→G7というコード進行を挿入し、F7は取り除かれる。

CD TRACK 64

1 2 3 4 5 6 7 8 9 10

てみましょう。4小節目の次、5小節目のコードはF7ですね。この7も装飾と考えると、Fコードに行くためのツー・ファイブっていうのは何になるでしょうか？

え～、Fから見て5番目って言うのは……Cかな？　C7がV7だと思います。で、2番目はGm7ですかね？

そうです！　まとめるとGm7→C7→F7という流れになるよう、4小節目を改造するわ

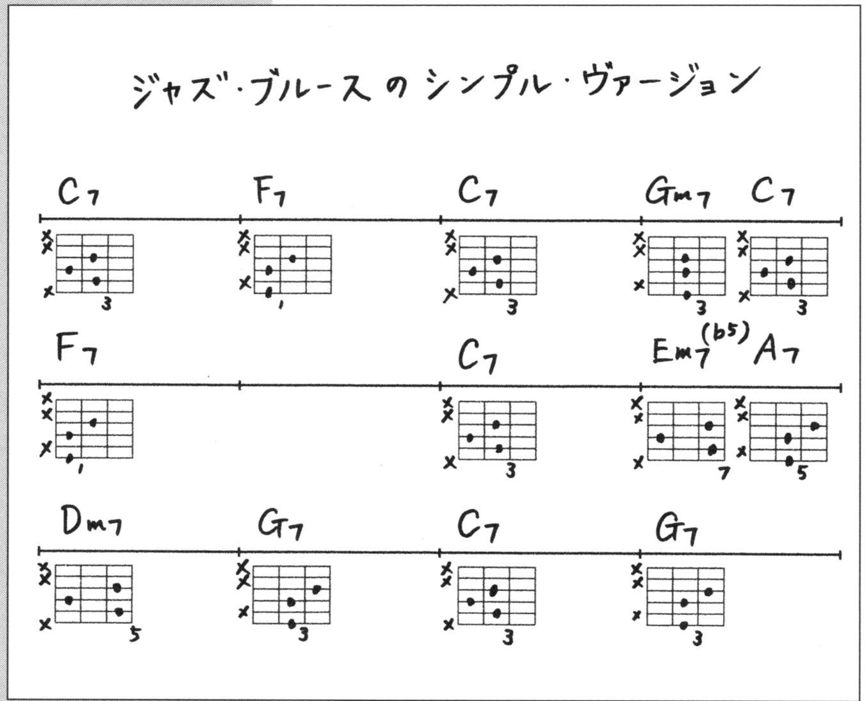

けですね。ギターの指板で覚えてしまってもいいですよ。Fの音がわかれば、完全4度進行の形になっているところがツー・ファイブですね。

8小節目もツー・ファイブを入れてみましょう。9小節目にある“行き先”のコードはDm7になりました。ここに行こうとするツー・ファイブは何でしょうね？

さっきの指板から見ると、Dから見たツー・ファイブはEm7→A7かな？

ああ、ちょっと違いますね。マイナー・コードに行く時のツーは形が変わるというのがありましたよね？

あ、Em7(♭5)→A7だ！

そうです。これで、4小節目と8小節目にダイアトニック・コード理論から導いた部分転調が入ったわけです。

一応、頭の片隅にでも入れておいて欲しいんですが、実は8小節目がEm7(♭5)ではなくEm7になることも多々あります。これは曲によってだったり、演奏する時の気分だったりで変わるようです。

慣例的なコード変化

さて、こうしてアレンジしてみると、最初の3コード・ブルースとはイメージがかなり変わってきましたね。普通のブルースの面影は薄くなって、ジャズという感じが本格的にしてきたと思います。

では最後に、念には念を入れるコード・アレンジを施していきましょう。

まだあるんですか！

そうなんですよ。これから入れる2種類のコード・アレンジは、あまり理論的でもないんですけど、年がら年中セッションをくり返すジャズ・ミュージシャンたちが、たまたまやってみたら良かったという感じで慣例化したものだと思われます。

まずは6小節目にディミニッシュ・コードが入ることがあります。F7の次に、F♯dim（ディミニッシュ）というコードが入るんですね。何なのかというと……まあ、これも慣例ですか(笑)。

今日はそればっかりですね（笑）。

さすがにそれで済ませるわけにはいかないですね（笑）。F7とF♯dimの構成音を比べましょう。※ 何が違いますか？

え〜〜っと、あ、ルートだけです！　半音違うんですね。

そうです、F音がF♯音に半音上がっただけなんですね。この音なんですけど、Cのキーにとって何になるかを考えると面白いんです。先に言ってしまいますと、Cから見て♭5th（♯11th）の音である、ブルー・ノートと呼ばれる音程なんですよ。

ブルー・ノートって聞いたことありますよ。ペンタと混ぜて弾いたりする音ですよね。

そうなんです。この音を混ぜるとブルースっぽさが強調されるというブルースのふりかけとも言えるような音です（笑）。

F7の時、ブルースっぽいニュアンスを強調しようとして、ベーシストがF♯音を弾いたら、結果としてF♯dimになった、という感

※

F7とF♯dim

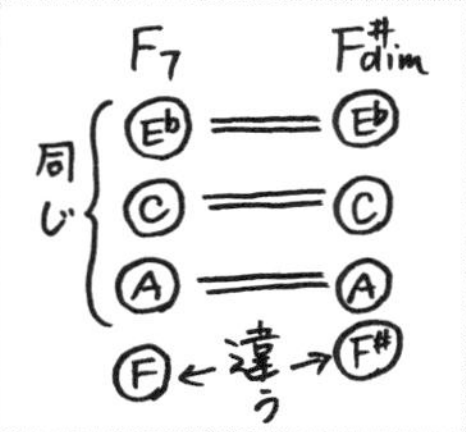

このように、ルートが違うだけ。

じだと思われます。

そして、一番最後の2小節を見てみましょうか。11小節目～12小節目ですね。ここは、頭に戻るための機能を持ったコード進行です。ここをもっとゴージャスにするのがジャズ流なんですね。

G7一発になっているところを、どうやったらゴージャスにできるでしょうか？　ヒントはツー・ファイブ化です。

じゃあ、ツー・ファイブ化すればいいんじゃないですか（笑）？

ああ、答えでしたね（笑）！　ツー・ファイブ化するとどうなるか、わかりますか？

9小節目と同じコード進行になると思うので、Dm7→G7ではないでしょうか？

そうです。12小節目をツー・ファイブ化したついでに、Dm7に対するドミナントであるA7を入れてしまうのもジャズの慣用句で、11小節目～12小節目はC7→A7→Dm7→G7となります！　これで完成です！

これがジャズ・ブルースの最も標準的な

コード進行なんですね。これは覚えておいて絶対に損はないですし、アコギを持った時なんかにこのコードを指弾きするだけで、きっとモテます（笑）。

本当ですか!?　また適当なことを〜（笑）。

本当ですよ、経験者が言うんだから間違いないです（笑）。ちょっと何か弾いてみてって言われて、「ハイウェイ・スター」のギター・ソロをテンパって弾くよりは、この

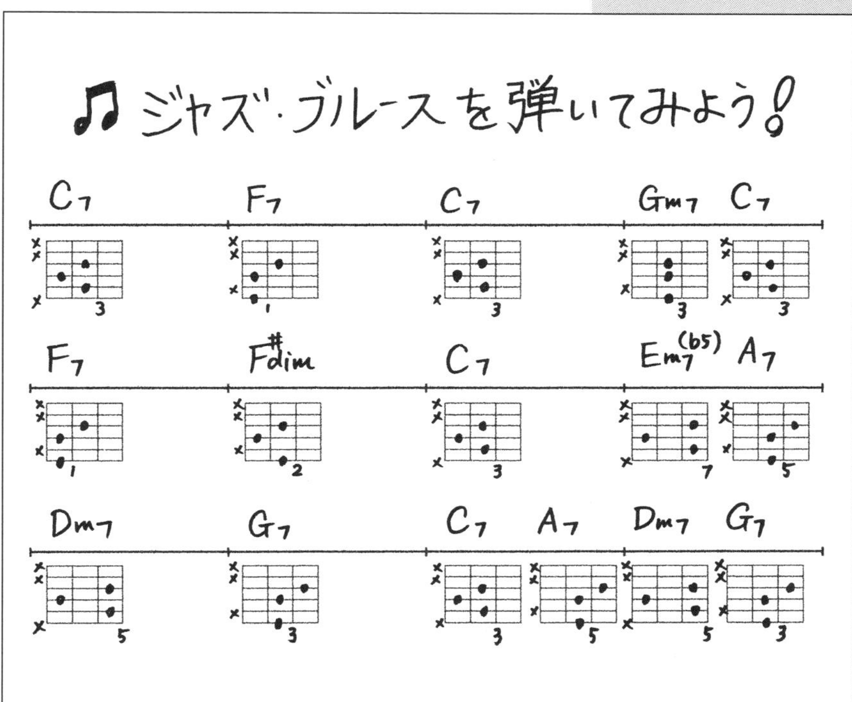

コード進行を余裕で弾いてみせる方が絶対に効果がありますよ（笑）。

アドリブを弾いてみよう

次にこのコード進行に対して、どうやってアドリブを弾くか考えてみましょう。こんなにお洒落になっちゃってもブルースはブルースですからペンタトニックで弾けないことはありません。

Cマイナー・ペンタトニックとCメジャー・ペンタトニックを切り替えながら弾くだけでも、バックがそれなりにジャジィなのでジャズっぽく聴こえると思います。ブルー・ノートと呼ばれるブルースのふりかけのような音も加えて弾いてみましょう。

CD TRACK 65

ペンタ以外のスケールも加えてみましょう。最初の3小節は普通のブルースと同じですから、Cマイナー・ペンタで行けます。4小節目はダイアトニック・コードの理論から持ってきたツー・ファイブですから、ペンタ一発だとちょっと違和感がなくもないですね。コードに合わせるならば、“Fのキーから持ってきたコードだからFメジャー・スケールで弾くのが標準”になります。

Fのキーに行くところは何アゲ何サゲだったか覚えてますか（笑）？

え〜〜〜っと……Cにとってサブドミナントが Fだから、サブドミナントに行く部分転調は7サゲっていうことだと思いましたけど。

おお、よく覚えてましたね！　そうです。

次にマイナー・ペンタだと厳しそうなのはF♯dimですね。これはどうしましょうか？

どうって言われても……（笑）。ディミニッシュ・コードっていうくらいだから、ディミニッシュ・コード・トーンで弾けるんじゃないですか？　多分（笑）。

そう、それで合ってるんですよ。他にも選択肢はあるんですが※、今日はディミニッシュ・コード・トーンを弾いて、いかにもディミニッシュな、RPGの洞窟的な雰囲気を出してみます。

Em7(♭5)→A7も部分転調ですから、前に出てきましたね。ここは、Dのハーモニック・マイナー・スケールです。Em7(♭5) がDナチュラル・マイナー、A7がDハーモニック・

※
他のスケール
本書に登場した中では、コンディミなども使用可能だが、コンディミでブルースらしさを出すのはなかなか難しい。

マイナーと切り替えたら理論的には適合度が高いはずですが、一瞬のコード・チェンジなのでハーモニック・マイナーだけで弾いても問題はありません。

Dm7→G7はCに向かうツー・ファイブだからCメジャー・スケールでOKです。11小節目～12小節目はコード・チェンジが激しいのでCメジャー・ペンタ一発で弾いてしまっても大丈夫です。本当は細かくスケールを切り替えても良いんですけどね。

CD TRACK 66

全部を整理すると、この表の通りです。

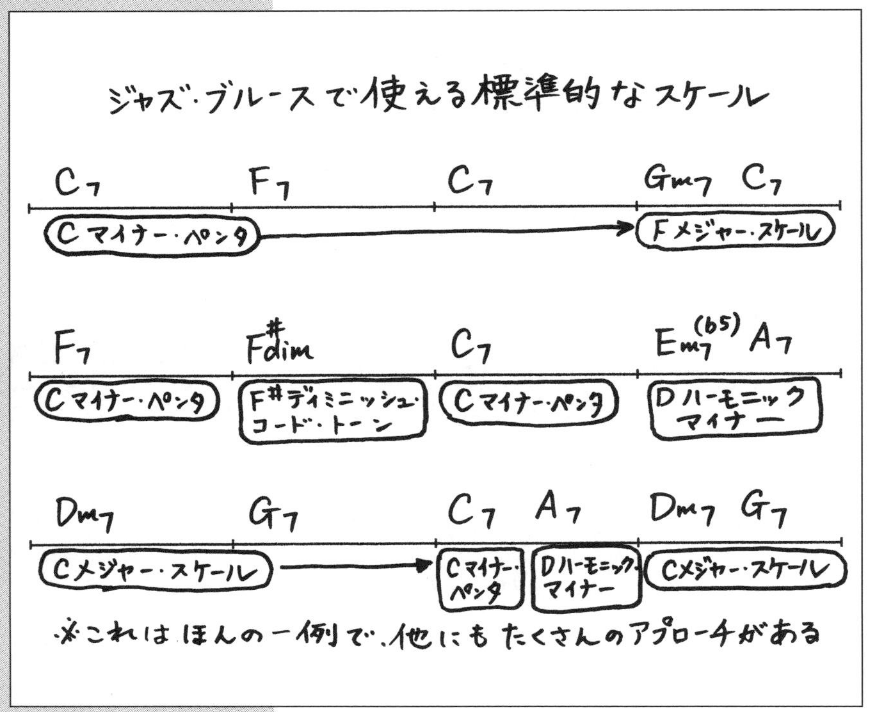

うわ、結構難しいんですね！　ブルースなのに（笑）。

とは言え、マイナー・ペンタで行けるところはそのままで行くという考え方ですので、実際にはこの他にも本当にいろいろなアプローチがあります。まずはこのような基本的なスケールを使って、あとはアルペジオを組み合わせれば、それなりの演奏ができるでしょう。

これ以外にも、まだあるんですか！

今日はやらないですけどね（笑）。今はコードに追い立てられているような、借金取りに追われて自転車操業をしているような（笑）、そんな気がしてくることもあるでしょうけど、慣れると自然にスケールを切り替えたりアルペジオを入れたりできるようになります。だから、それぞれのコード・トーンなんかは無意識に弾けるようにしておきたいですね。

まあ、もともとはブルースなわけですから、これを言ったら元も子もないんですけど、Cマイナー・ペンタ一発でも何とかなります。

え〜、じゃあ今までのは何だったんですか（笑）？

まあそうなんですけど、マイナー・ペンタだけではなかなかジャジィに弾けないということで、いろいろなアプローチを知ってもらおうということだったんですね。ジャズのアプローチを知った上であえてマイナー・ペンタ一発で弾くのと、マイナー・ペンタでしか弾けないから仕方なく弾いているのでは、プレイの余裕が全然違いますから。

ジャズ・ギタリストにもいろいろな人がいて、ダイアトニック・コードを意識したジャズ側からのアプローチが多い人もいれば、マイナー・ペンタを弾きまくる人もいます。

そんな風に、頭をやわらかくして、いろいろなアプローチを受け入れていく姿勢がジャズの学習には欠かせない……という、とってつけたようなまとめで今回は終了です（笑）。

"とってつけたような"って言わなければよかったのに（笑）！

９章まとめ

CD TRACK 67

以下のまとめを読み、空欄を埋めてみよう。
わからない時は該当ページをチェック！

ブルースは（　　）小節で
１サイクルとなっているのが基本である

→P.204

９小節目から11小節目のコード進行は
ブルース特有の（　　　　　）であると言われる

→P.206

F7に向かうツー・ファイブとしては
（　　　）→C7が用いられる

→P.210

Dm7に向かうツー・ファイブとしては
（　　　　　）→A7が用いられる

→P.211

F7とF♯dimの構成音は
ルート音が（　　　）違うだけである

→P.213

Em7(♭5)→A7の部分では
（　　）ハーモニック・マイナーが使える

→P.218

弾いてみよう!

CD TRACK 68

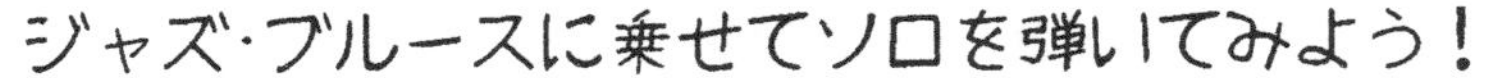

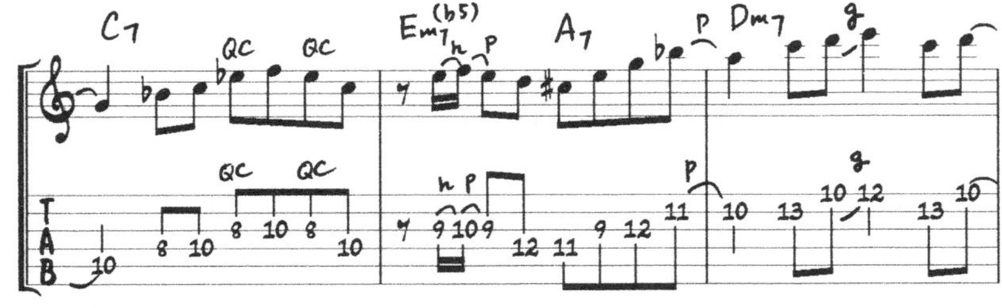

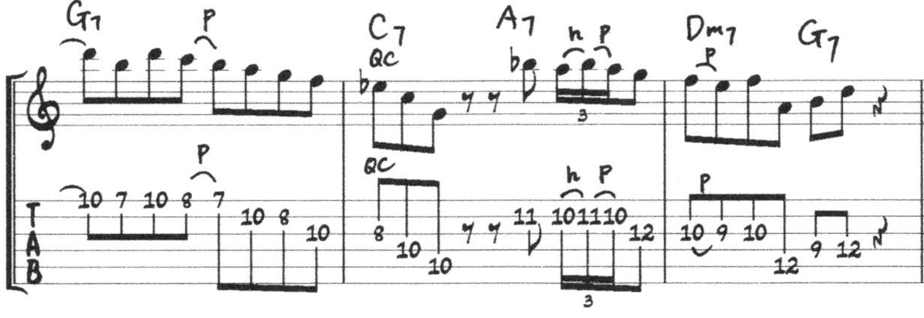

⑩章 スタンダード・ナンバーにチャレンジ！

CD TRACK 69

はい、こんにちは。今日はついに最終回ですね！　ここまでいろいろなジャズの理論を紹介してきましたが、いよいよ、ジャズのスタンダード曲に挑戦して、実際の曲の読み解き方に触れていきましょう。

で、今日チャレンジするのは「サマータイム」という曲です。聴いたことはありますでしょうか？　ロックでは女性シンガーのジャニス・ジョプリンなんかもカバーしていたりしますね。ジャズではいろいろな人がやっていまして、この曲を演奏したことのないジャズマンはいないのではないか、というくらい定番です。

ジャニスのは聴いたことありますよ。シャウト系で、全然ジャズっぽい感じではなかったですけど。

この曲はすごくシンプルな作りになっていて、いかようにも料理できるんですよ。ジャズとしてやる場合でも、本当にいろいろなアプローチができます。

そんなわけで、まとめとして扱うのにはちょうど良いと思って用意しました。……というのと、古い曲だから著作権が切れてい

Summertime

Am7 | Bm7(b5) E7 | Am7 | Em7(b5) A7

Dm7 | | Bm7(b5) | E7

Am7 | Bm7(b5) E7 | Am7 | Dm7 G7

C△7 | Bm7(b5) E7 | Am7 | (Bm7(b5) E7)

ラストはAm7のままで

ラストは弾かない

「Summertime」Music by George Gershwin

※
著作権が切れる
現行法（2019年10月現在）では権利者が死去してから70年経つと、楽曲や歌詞などを自由に使うことができるというのが概要。そのような著作物をPublic Domainと呼ぶ。

て、使用するコストがかからないというのも理由の4割くらいはあるんですけど（笑）※。

ええ〜、結局お金の話ですか（笑）？

いや、僕じゃなくて、リットーの編集部からどうしてもって言われて（笑）！　とは言っても、ここまでやった内容をきっちり復習や活用できて、しかもメロディがシンプルで覚えやすいという、まとめとしては良い曲なんです。本当ですよ（笑）！

作曲家としてはとても有名な、ジョージ・ガーシュウィンっていう人による曲で、ジャズの歌モノだとルイ・アームストロングなんかが有名です。原曲からかけ離れた感じというとジョン・コルトレーンのものが知られていると思います。途中からかけると何の曲だかさっぱりわからないという感じで、とにかくコルトレーンが数分間速吹きし続けるというものです。サックスだから、速弾きじゃなくて速吹き（笑）。

で、キーもいろいろなキーで演奏されるんですね。DmとかFmっていうのもあります。今日はわかりやすいようにAmのキーでやりましょう。コードも今までの知識を生かしやすいようにしてあります。

え、曲のコードって、やる人が決めてもいいんですか？　最初から決まっているものだと思っていました。

ある程度、“この曲はこれが標準的だ”というコード進行の常識はあるんですけど、同じメロディでもいろいろなコード進行が付けられるので、やる人が勝手に決めて良いわけです。

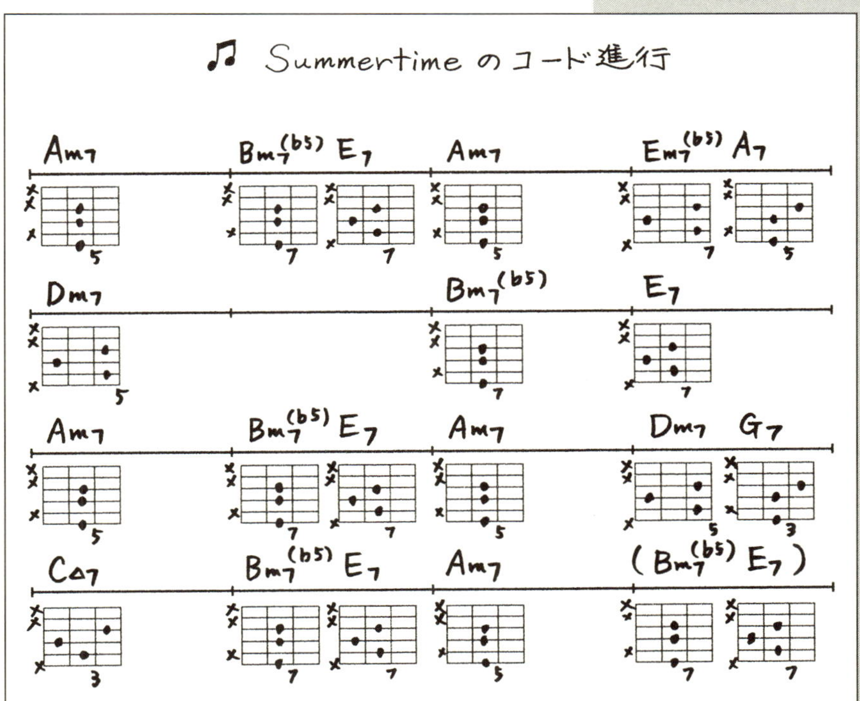

1 2 3 4 5 6 7 8 9 10

ただ、見知らぬ人同士でやるようなジャム・セッションだと、ある程度共通のコード進行上でやる必要がありますから、特定の曲集をみんなで持ち寄っているということが多いですね。※

※
セッション時のコード進行
慣れている人は曲集などを見ないで記憶に頼って演奏をすることが多いが、自分の覚えているコード進行と他の人の演奏が違う時は、演奏を進めながら柔軟に合わせていく。そのような多少のぶつかり合いもジャズらしさになっていると言える。

実践において大事なのはコード進行の分析力を身につけて、自分の知っているコード進行と違うものが提示されていても、"なるほど、これもアリだよね"と受け入れられる柔軟性を持つことなんですね。

あ、そうそう大事なことを忘れていました。ジャズのスタンダードを演奏する時に、ある程度ルール的なものもあります。テーマを1コーラスか2コーラス演奏してからアドリブに入るんです。で、アドリブを順番に回し終わったら、またテーマに戻って、エンディングというのが基本です。

いきなりアドリブじゃないんですね。

それだと何の曲だかわからないですからね（笑）。この曲のコード進行でアドリブをやりますよっていうのを最初に提示して、それから始めるというのが一般的です。

テーマの弾き方とバッキングのコードは

タブ譜にしておきましたので、今日はアドリブをやっていきましょう。

コード進行を分析しよう

このコード進行を分析していきましょう。まず、キーはさっき言った通りAmです。ですから、Cメジャー・スケールのダイアトニック・コードとほぼ共通と思って構いません。Cメジャー・スケールのダイアトニック・コードから外れているところ、つまりスケール・チェンジが必要なところをチェックしましょう。

2小節目を見てみましょう。ここは何でしょうか？

何でしょうかって、また漠然とした（笑）。え〜っと、Am7に向かっていくツー・ファイブだと思うんですけど……。

そうですね。※それで合ってます。マイナー・コードに向かうツー・ファイブですね。その次の4小節目も似たような形になっていますけど、これは何のコードに向かう何ですか？

※
Am7に向かう ツー・ファイブ

Am7に向かう ツー・ファイブ

$Bm_7^{(b5)}$ E_7	Am_7
$IIm_7^{(b5)}$ V_7	Im_7

ほとんど誘導尋問のようですが（笑）、Dm7に向かうマイナーのツー・ファイブっていうことでしょうか？

そうです（笑）。※何回も取り上げた、サブドミナントのDm7に向かう、マイナー版のツー・ファイブです。Dmのキーに、部分転調しています。

基本的には、スケール・チェンジが必要になってくるのはこれだけです。結構あっさりしていますね。最終回でいきなり難しい曲に挑んでも"ああ、やっぱりジャズって難しいな〜"って落ち込んじゃったりして良くないですから（笑）。

あと、この曲を採用したのは、先ほども言ったように著作権フリーという意味合いも少しあるんですけど（笑）、メロディがほとんどAマイナー・ペンタトニックだけで作られているという点もあります。だから、マイナー・ペンタ一発で弾いても、なんとなく弾けた感じにはなるんですよ。

4小節目の、サブドミナントへ向かうツー・ファイブの時、"7サゲ"ということでやってきましたけど、そもそもマイナー・ペンタにはシの音が入っていないので、外さないっ

※

Dm7に向かうツー・ファイブ

Dm7に向かう
ツー・ファイブ

Em7(♭5) A7	Dm7
IIm7(♭5) V7	Im7

てことなんですね（笑）。

そんな、今までのことが無駄だったかのような（笑）！

いやいや、そうじゃないんです（笑）。何コーラスか弾いてみるとわかるんですけど、マイナー・ペンタだけだとやっぱりマイナー・キーのブルースを弾いているのと大差ないというか、もうちょっとジャズを感じさせたいと思ってくるわけなんです。

そんなわけで、この曲をマイナー・ペンタ一発で弾いてみて、そこからジャズらしい部分転調に沿ったスケールを使って弾いてみて……そんな感じで比較できると思って、「サマータイム」を選んだんですね。

標準のスケールとコード・アルペジオを習得しておくことで、このようなジャズ的なプレイをできるようになるということで、楽しんでいきましょう。※

これでスタンダードが弾ける！

じゃあ、マイナー・ペンタで弾いてみましょうか。マイナー・ペンタに♭5thのブルー・

※
サマータイムについて
P246～247に練習用のコード譜やカラオケ演奏などを用意しているので、具体的な練習は後ほど。とりあえず各演奏を聴いてみよう！

ノートを加えてみても良いですね。ブルージィに、渋くキメてみましょう。※

へ～、これはこれでカッコ良いですね。

そうですね、ブルースっぽい感じですね。シンプルにカッコ良く弾けるっていうことも大事なんです。この時点でカッコ良くなかったら、これから使うスケールを増やしてもカッコ良くなるとは限らないわけですからね。

次のアプローチとしては、Bm7(♭5)→E7を

※
Aマイナー・ペンタトニック+♭5

Aマイナーペンタ + b5th

4 5 6 7 8 9

● = b5th (= E♭音)

CD TRACK 70

♫ Summertime をジャジィに弾く

Am7	Bm7(♭5) E7	Am7	Em7(♭5) A7
	Aハーモニック・マイナー		Dハーモニック・マイナー
Dm7		Bm7(♭5)	E7
		Aハーモニック・マイナー	→
Am7	Bm7(♭5) E7	Am7	Dm7 G7
	Aハーモニック・マイナー		
C△7	Bm7(♭5) E7	Am7	(Bm7(♭5) E7)
	Aハーモニック・マイナー		Aハーモニック・マイナー

Aハーモニック・マイナー・スケールで、Em7(♭5)→A7をDハーモニック・マイナーで弾いてみましょう。その他のところは引き続きマイナー・ペンタ一発で弾いてみましょう。

その進行って、ふたつのコードをまとめてハーモニック・マイナーにしちゃってもいいんですか？

テンポによりますね。ゆっくりだったら、E7だけをAハーモニック・マイナーで弾いて、コード・チェンジをしている感じを出してもいいでしょう。ただ、今回はテンポを120くらいに想定しているので、1小節をまとめてハーモニック・マイナーとして弾いた方が自然に聴こえるはずです。では弾いてみますよ〜。

CD TRACK 71

なるほど、さっきよりも、随分ジャジィになりました！

そう、ちょっとジャズらしくなってきましたよね。で、これが最後ですが、マイナー・ペンタ的に弾かずに、アルペジオやテンション音を意識しながら弾きます。例えばAm7

1 2 3 4 5 6 7 8 9 10

CD TRACK 72

のところでBの音、つまり9thのテンションを強調してみたりっていうアプローチです。その辺に注意しながら聴いてみて下さい。

これは最初のブルースっぽい感じとは全然違っていて、クールでカッコ良いです。

同じ曲であっても、このようにいろいろな弾き方ができて、その選択肢は多い方が楽しいということなんです。マイナー・ペンタ一発でしか弾けないと、延々とそればっかりになってしまいますが、逆にジャズらしい弾き方がわかっていれば、マイナー・ペンタ一発に戻すことは簡単ですからね。

あと、ここでは詳しく説明しないですけど、もっと変なスケールを使ったり、コード・ソロを取り入れて弾いてみます。ここまで来ると、僕もあまり余裕がなくなってきます（笑）。

CD TRACK 73

あ、凄い！　見直しました！

見直してもらえて恐縮です（笑）！　このようなコード・ソロも面白いんですけど、これをちゃんと説明すると大変な騒ぎなので、こういうものもありますよ……ということだけにしておきましょう。

スタンダードはジャズの基本

そんなわけで、「サマータイム」でのアドリブについては、基本的なところはわかっていただけたかと思います。スタンダードを演奏するっていうのはジャズ・ミュージシャンにとっては基礎練習みたいなものにもなっていて、この「サマータイム」だって、10年間毎日弾いていますという人もいると思われます。

ジャズで最も有名と言われる「枯葉」っていう曲だって、未だに斬新なアプローチで演奏されたカバーがCDになったりしていますから。保守的なんだか革新的なんだか、なんとも判断しづらい世界ですね（笑）。

そういうスタンダードの演奏についてなんですけど、ジャズ・ファンの多くは、有名な「枯葉」の録音を知っていて、その上で新しい「枯葉」の録音を聴いて、どんな新しいやり方で調理したのかを楽しむというところがあります。

アル・ヤンコビックっていう人がいて、

昔「イート・イット」※っていう曲を出して大ヒットしたことがあるんですよ。これは、マイケル・ジャクソンの「ビート・イット」のパロディなわけです。ある年代以上の方は知っていると思いますけど（笑）。マイケル・ジャクソンの有名なミュージック・ビデオをそのまま真似て、替え歌にして出したんですね。これは単体で見てもユニークで面白いんだけど、マイケル・ジャクソンを知っていることでさらに楽しめるようになっています。元ネタのマイケル・ジャクソンを誰でも知っているという前提のもとでのパロディなわけです。

ジャズのスタンダードもそれに近くて、原曲だったり、歴史的な名演と呼ばれるものをある程度知っているという前提のもとに、新しいカバーが生まれてきたりします。だから、歴史的な名演をあまり聴かないうちから、現代的な演奏を聴こうとすると、“なんだこれ？”って思ってしまうのは無理もないわけですね。

僕もその辺はまだ勉強中の身ということもあって、ディアゴスティーニの『クール・ジャズ・コレクション』※※でいろいろな演奏を聴いています（笑）。

※
アル・ヤンコビックの「イート・イット」
1984年。正式な邦題は「今夜もイート・イット」。マイケル・ジャクソンの「今夜はビート・イット」のミュージック・ビデオを細部まで真似し、大ヒットした。

※※
クール・ジャズ・コレクション
ディアゴスティーニ・ジャパンの隔週刊雑誌。2008年の創刊以来、毎回ひとりのジャズ・ミュージシャンを取り上げ、代表曲を付録CDに収録している。

ジャズの館の入り口は?

勉強する内容としてはこれでお終いです。本講座では、ジャズをやってみたいというロック・ギタリストの視点から見て、取っつきづらく感じるところを中心に扱ってきました。ロックからギターを弾き始めると、ジャズの館に入ろうと思っても、どこが扉だかすらわからないということがあると思います。このセミナーでは、ジャズ館の扉をちょっとだけ開けるというところにポイントを置いてきました。

なぜロック・ギタリストの視点と限定したかというと、そもそもジャズが好きでたまらなくて、ジャズ・ギターを弾きたくてギターを手にしたというような人は、既にフルアコを買っていてウェス・モンゴメリーの楽譜とかを使ってコピーしていたりすると思うんですよね（笑）。だから、このセミナーに来ている方は、ロックやブルースはある程度弾けるようになったけど、ジャズという言葉が出てくる度に“ああ、難しそう！”という気持ちになってしまう。そんな人が多いかと思います。

今日を入れて10回になりますけど、ロベ

ン・フォードとかラリー・カールトンなんかがさりげなく弾くようなジャジィなフレーズの弾き方も、なんとなくわかってきたと思います。彼らのように、ジャズ・ギタリストではなくてもジャズの要素をプレイに取り入れている人は非常に多いわけですね。ギタリストとしての基礎力を鍛え上げる上でもジャズをやっておいて何一つ損はないと断言できます。

ロックで使うペンタトニックっていうのは、メジャー・スケールから不安な音であるシとファを取り除いた音階ですから、不安感を演出する時にどうしてもチョーキングで音を揺らしたり、あるいはアーミングだったりエフェクターだったりっていうところに頼るしかない部分があるんですね。もちろんそれはそれで良いんですが、それだけでは使っている機材とかにも影響されてしまいますから、フレージングでも不安な感じを出せた方がいいんです。だから、ジャズをやっておくことでフレージングの面からも不安感を出せるようになれば、演奏できる音楽の幅っていうのは格段に広がっていくわけですね！

そして感動（?）の卒業へ

どのジャンルでもそうなんですけど、ずっと見てきたように特にジャズでは基礎力というのが本当に大事なんですね。スケールもアルペジオも自由に弾けた上で、そこから自分の色を何とか加えていけるようになるという。だから、すぐに何か弾けるようにという考えじゃなくて、長い目で見て10年後を目指して一歩ずつ進んでいくといいんじゃないでしょうか。

例えば、コード・アルペジオを身につけるにはドミソシと思いながら弾くと言いましたけど、これも最初は普通のテンポでは弾けないと思います。意識がついていけるテンポからゆっくり始めて、1年越しでダイアトニック・コードのアルペジオが自由に弾けるようになるとか、それくらいの長いスパンで考えて練習するといいですよ。

弾けるようになってくると好きになるっていうこともあって、現に僕の生徒さんでもコード・アルペジオが弾けるようになったあたりから、フルアコを買ってフロント・ピックアップしか使わなくなり、家ではほとんどジャズしか聴かなくなり、長髪を後ろにたばねるようになったという人が何人もいます（笑）。

ロックやポップスではカリスマ系というか、天才系の人が重要視される風潮がありますよね。やっぱりジミヘンにはかなわないよね、みたいな。ジャズにもそういう側面はありますが、練習を重ねていけば、確実に上達が続きます。使うスケールや扱うテンション音も無限に広がっているので、永遠に修行中ということになるわけです。ジャズにはそんな底なしの奥深さがあるので、ぜひ長い目で見ながら続けていってもらえればと思います。

では、残りの時間は少し「サマータイム」でソロ回しをやってみましょうか？　1コーラスずつ交代で弾いてみましょう！

10章まとめ

CD TRACK 74

以下のまとめを読み、空欄を埋めてみよう。
わからない時は該当ページをチェック！

「サマータイム」の作曲者は
ジョージ（　　　　　　　　）という人物である

→P.225

Amキーのダイアトニック・コードは
（　　）メジャー・キーとほぼ共通である

→P.228

Am7に向かうツー・ファイブは
（　　　　　　　　　　）である

→P.228

Dm7に向かうツー・ファイブは
（　　　　　　　　　　）である

→P.229

「サマータイム」のメロディは
（　　　　　　　　　　）スケールで作られている

→P.229

Em7(♭5)→A7の部分は、まとめて
（　　）ハーモニック・マイナーで弾ける

→P.232

1
2
3
4
5
6
7
8
9
10

弾いてみよう!

1 Cメジャー・スケールのダイアトニック・コードでアルペジオの練習をしてみよう!

CD TRACK 75

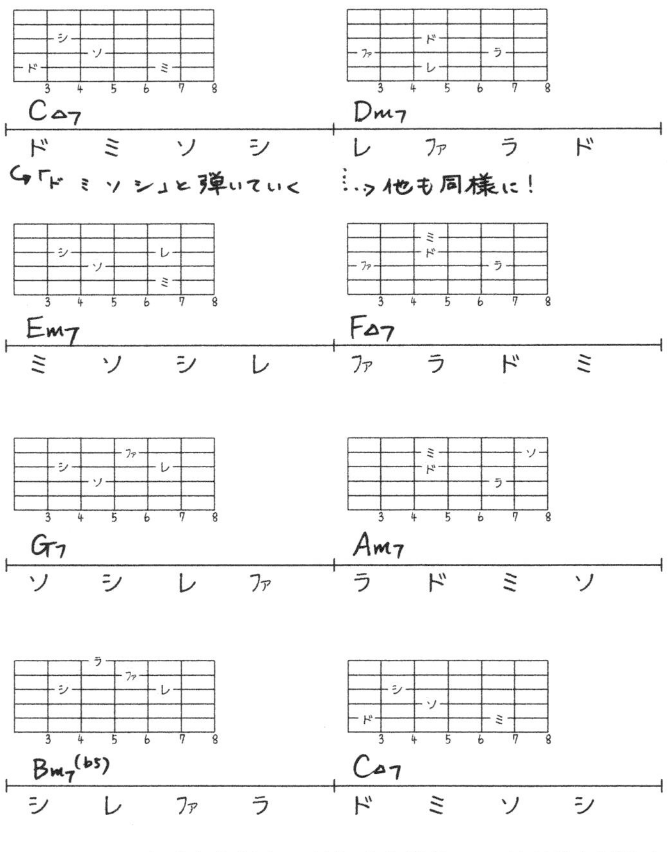

2 どの音がメジャー・スケールから外れるか確認しながらアルペジオを弾こう！

CD TRACK 76

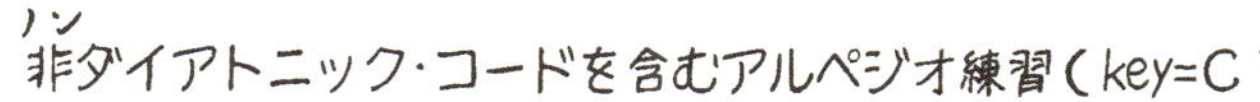

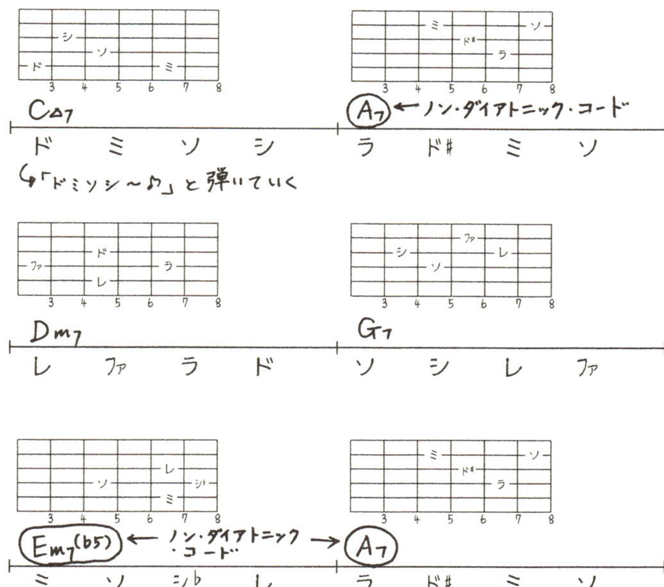

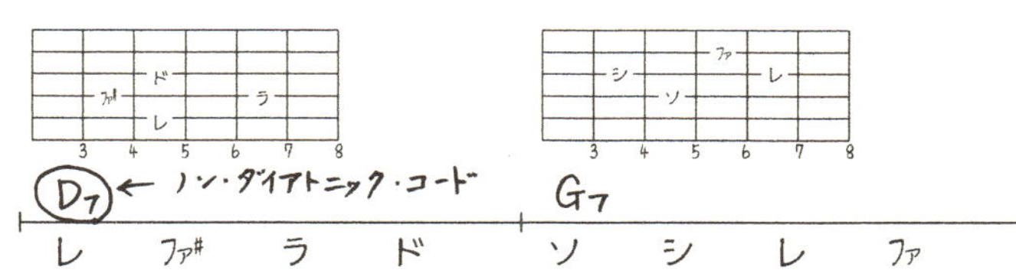

※ ありがちな指令ですが、他のポジションでも練習を！

弾いてみよう!

3 どの音が変わったのか確認しつつ、スケール・チェンジを弾こう！

CD TRACK 77

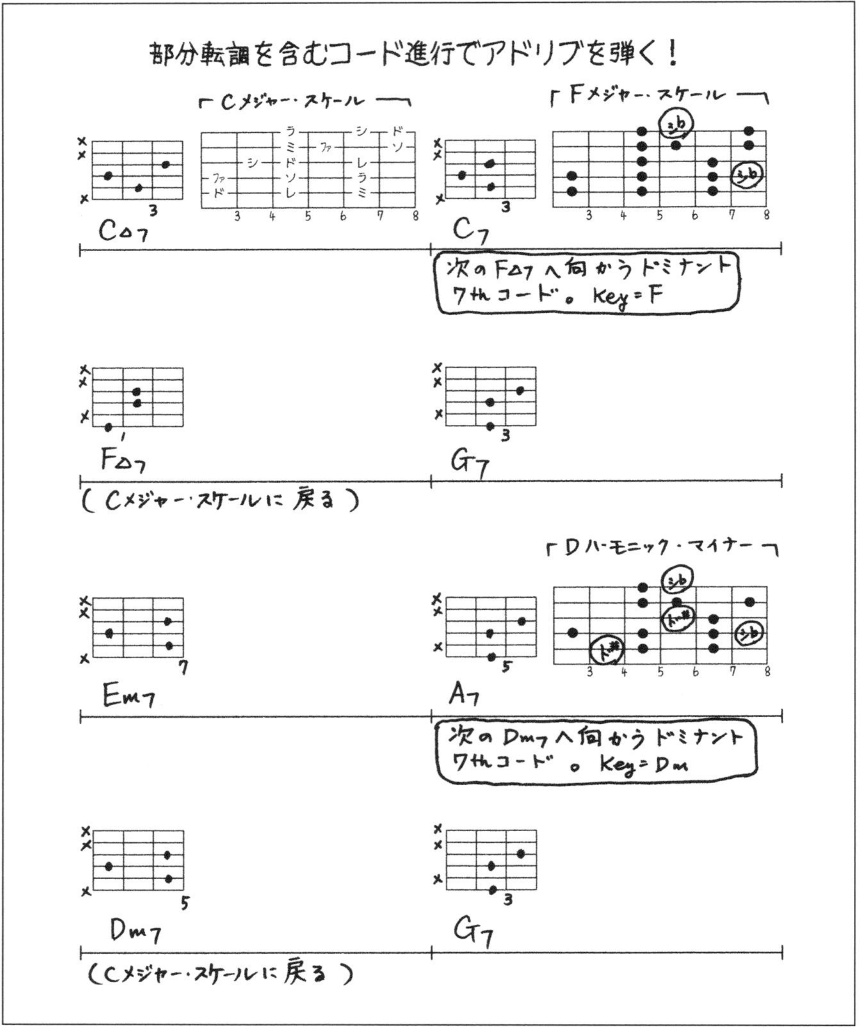

4 ブルージィさを心がけながら ジャズ・ブルースを弾いてみよう！

CD TRACK 78

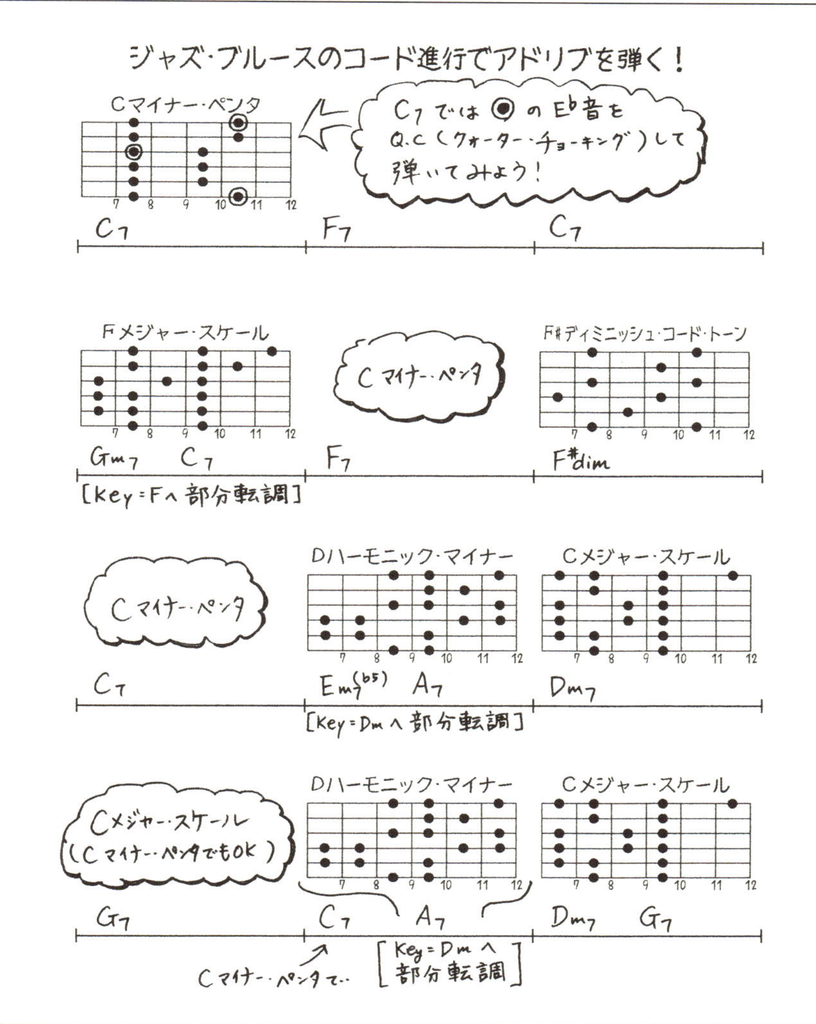

弾いてみよう!

5 マイナー・ペンタを中心に ブルージィに「サマータイム」を弾こう!

CD TRACK 79

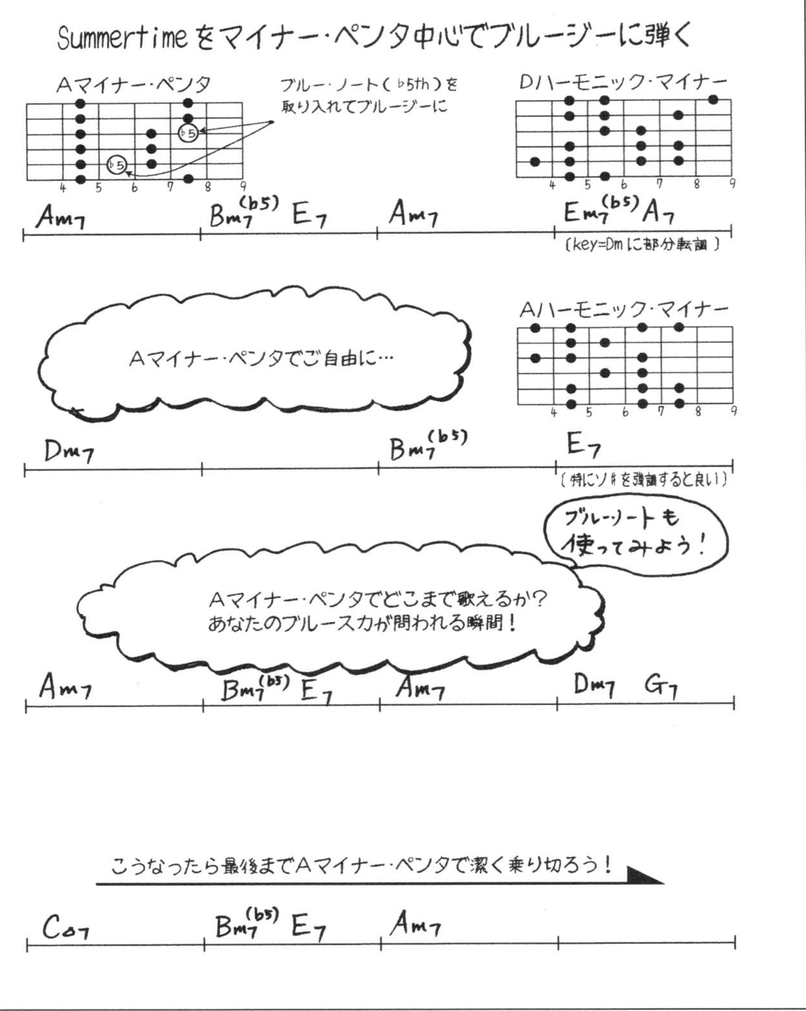

6 スケール・チェンジをしながらジャジィに「サマータイム」を弾こう！

CD TRACK 80

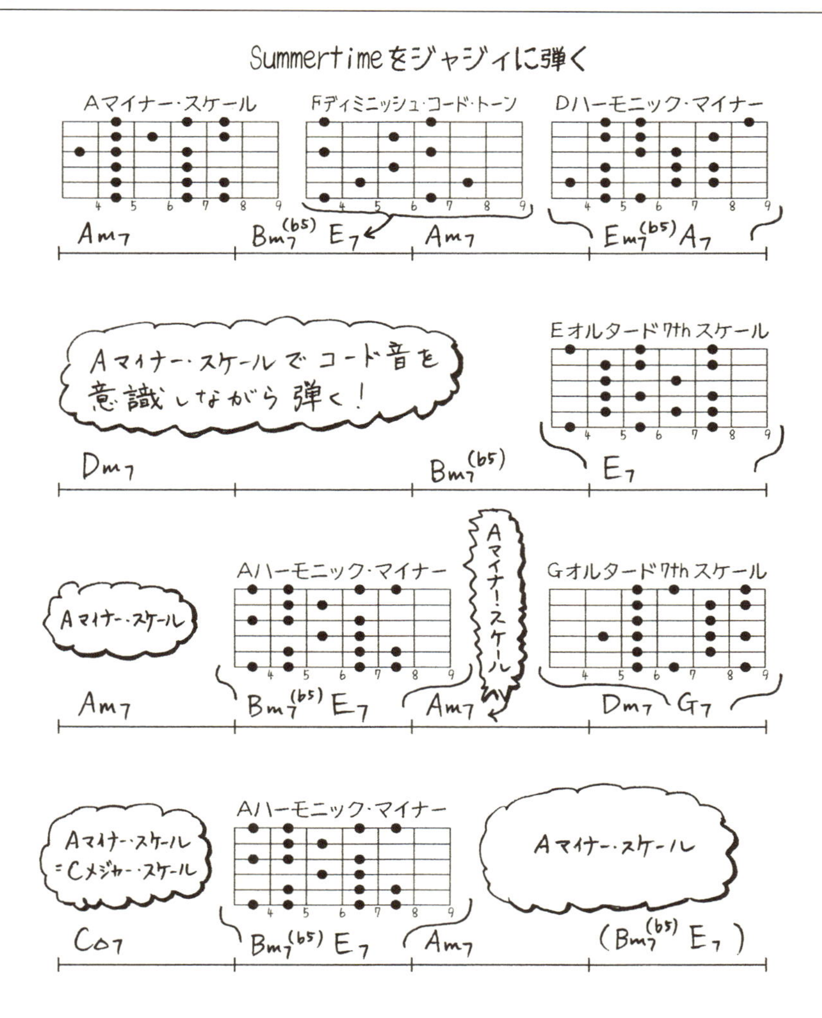

最後に

途中で眠くなったり、飛ばし読みした人もいるとは思いますが、とにかく本書を最後まで読み通していただきましてありがとうございます！ “ジミヘンのアーミングとオルタード・テンションのフレーズがもたらす効果は同じことだったのか！”みたいな感じで、ジャズに少しでも親近感が持てるようになってもらえれば嬉しい限りです。そして、買ってはみたもののそのままお蔵入りしていたジャズ教則本の一言一句が、今までよりも頭の中に入ってくるようになったら、本書の役割がほぼ果たせたことになるかと思います。

弾きたいと思う音をより正確にコントロールできるようになりたいというのは、ブルースであろうとジャズであろうと同じです。ロックは音色とか微妙なチョーキングの音程とか、ニュアンス命！という傾向ですが、ジャズはそれだけでなく、複雑なコードの響きやスケールなど、理論的な方向にも可能性を探っていく中で発展してきました。だから勉強した量がそのままプレイに反映されます。ブルースだと“君のソロいいんだけど…あとは、恋愛とか失恋とか人生経験だな”とスピリチュアルな方向になりがちですが、ジャズでは“勉強した分だけプレイに反映される”ということは言えるのでしょう。この辺りで学ぶのは終わり、というのがジャズにはなくて、ジャズを一生かけて探求してる人っていうのはすごく多いのです。

マイケル・シェンカーをこよなく敬愛するロック・ギター少年にとって、ジャズはあまり馴染みのないものでした。それがオッサンになってくるとジャズが好きになってきて、フルアコを買ってみたり、そして最近ではセミアコに傾倒してみたり、若い頃からは想像のつかなかった自分がここにいます。そんな著者を見て、“ジャズの入門書を書いてみませんか”と誘っていただいたリットーミュージック編集部の橋本さんに、感謝の意を表したいと思います。ちなみに彼はちょっとマニアック（?）なPRSのポール・ジャクソン・ジュニア・モデルを所有しています。どこかのジャズ・セッションで見かけたら声をかけてみて下さい。

次のページからは今回の改訂にあたって追加した、ジャズ定番曲のコード進行分析です。どういうスケールを弾いていけば良いのか、最も基本的な例を提示しています。YouTubeには対応した伴奏音源をアップしているので、それに合わせて練習を積んでみてください（リンクは目次参照)。なおYouTubeは設定によってピッチを保持したままテンポを変えられるので、テクニック・レベルに応じたテンポ設定で弾いていくのがおススメです。本書が皆様の音楽ライフに少しでも役立つことを祈ってます！

01 The Girl from Ipanema

イパネマの娘

Music by Antonio Carlos Jobim

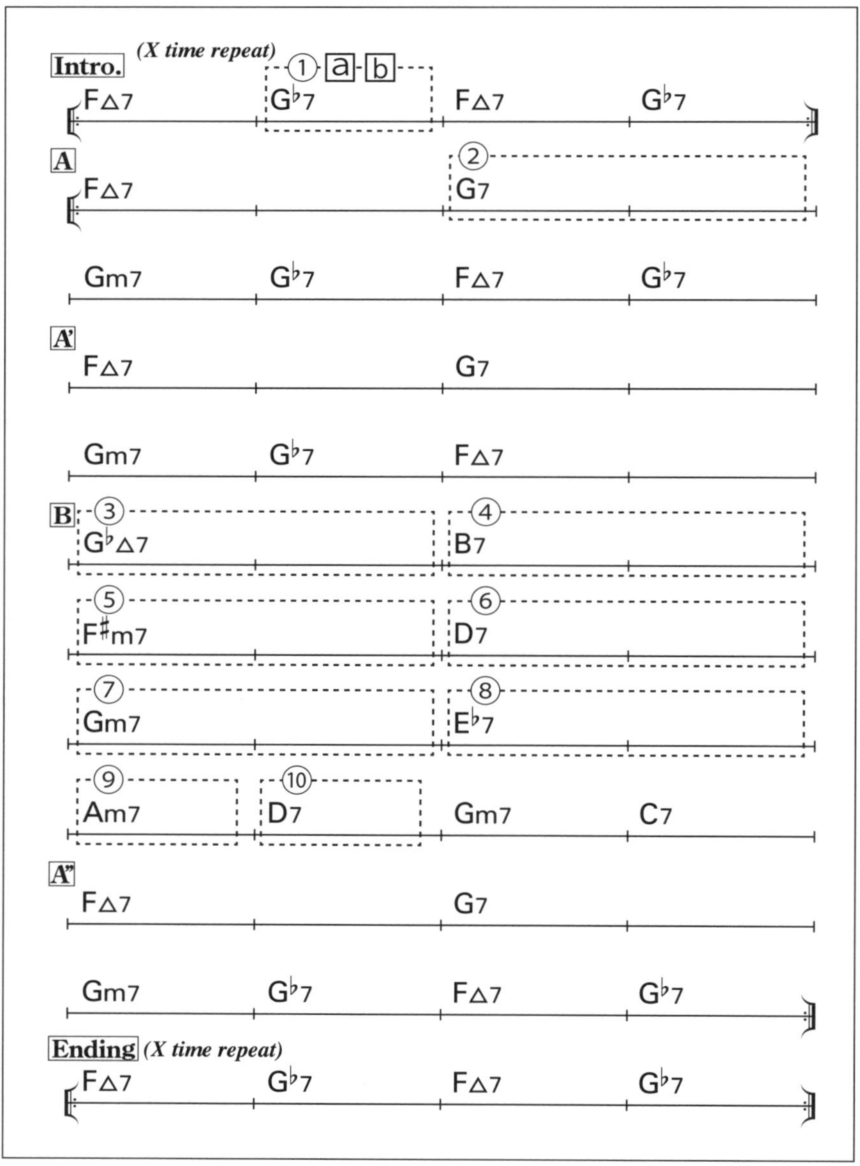

爽やかな曲調ですが、ペンター発で弾ききろうとすると地獄の憂き目に遭います。

[A]セクション

①■G♭7……C7の裏コードということでG♭リディアン7thスケール(=Cオルタード7thスケール)。ここではFメジャー・ペンタに近い2つのポジションを示しておきます。
→ポジション図(a)(b)

②■G7……Dメロディック・マイナー(=Gリディアン7thスケール)が標準ですが、次のGm7と併せてFメジャー・ペンター発で弾き通してもバッチリ決まります。

[B]セクション

③■G♭△7……key=D♭のⅣ△7と捉え、B♭マイナー・ペンタ。

④■B7……D♭メジャー・スケールの第6、7音を下げたBリディアン7thスケール。→ポジション図(b)

⑤■F♯m7……key=EのⅡm7と捉え、C♯マイナー・ペンタ。

⑥■D7……Eメジャー・スケールの第6、7音を下げたDリディアン7thスケール。

⑦■Gm7……key=FのⅡm7と捉え、Dマイナー・ペンタ。

⑧■E♭7……Fメジャー・スケールの第6,7音を下げたE♭リディアン7thスケール。

⑨■Am7……key=FのⅢm7で、Aマイナー・ペンタ。

⑩■D7……Gm7に向かうドミナントなのでGハーモニック・マイナー。

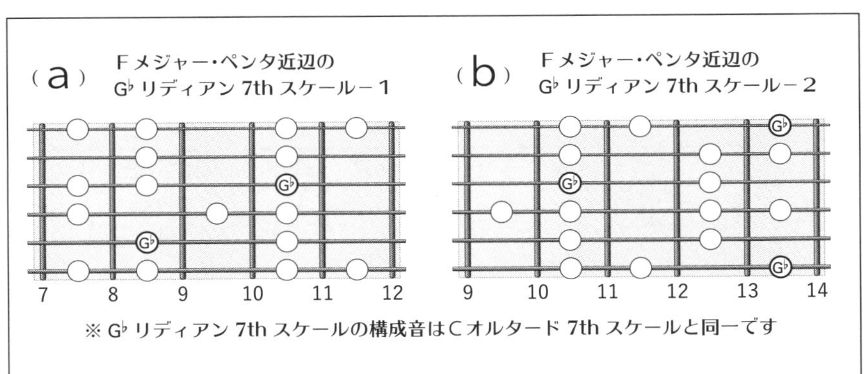

※G♭リディアン7thスケールの構成音はCオルタード7thスケールと同一です

02 Autumn Leaves
枯葉

Music by Joseph Kosma

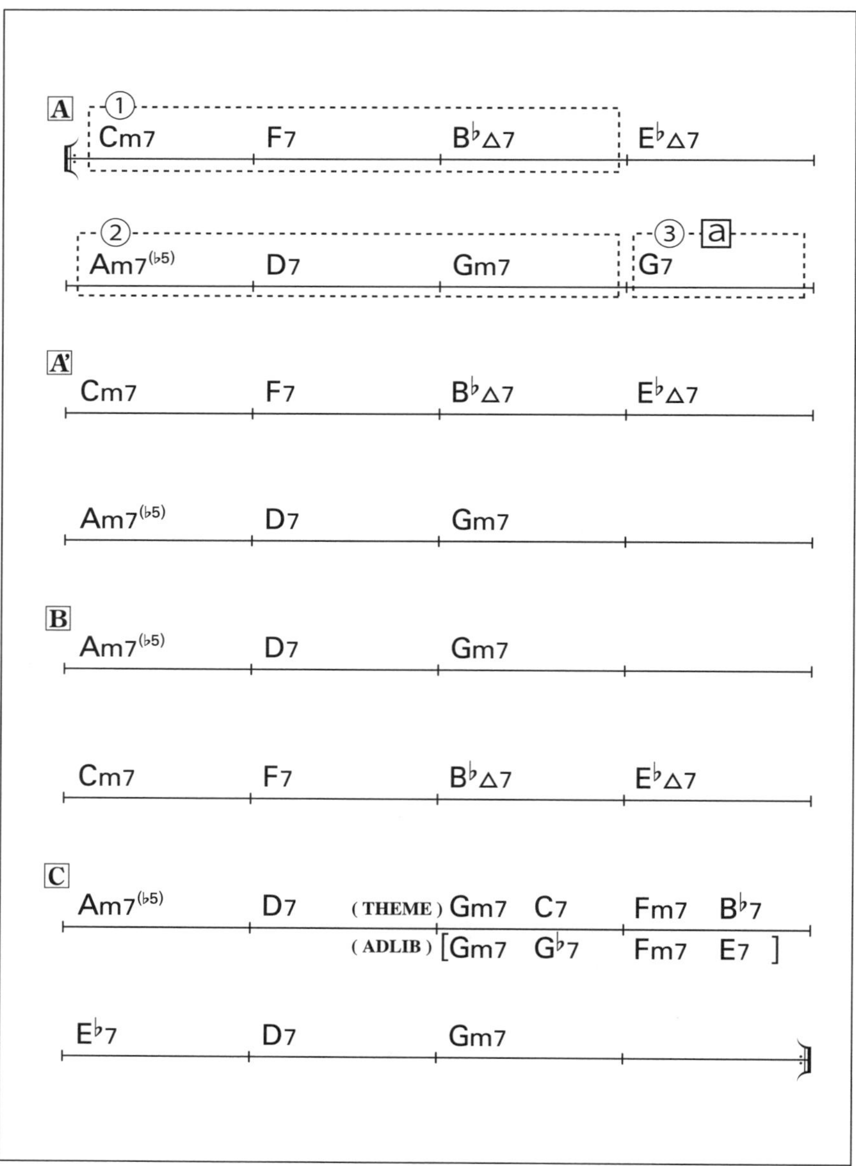

なんとなくGマイナー・ペンター発でもいけるわけですが、ジャズらしい演奏をするならばスケール・チェンジで対応できるに越したことはありません。

①■Cm7－F7－B♭△7……B♭△7に向かうツー・ファイブ。

②■Am7(♭5)－D7－Gm7……Gm7に向かうツー・ファイブ。Am7(♭5)をCm/Aととらえ、Cメロディック・マイナーを弾くとモダン！　D7ではGハーモニック・マイナーが標準的なスケールとなりますが、テーマはGメロディック・マイナーなのでどちらでも良いでしょう。

③■G7……Cハーモニック・マイナーが基本ですが、この部分はGm7のまま演奏する場合もあります。またテーマはこの時B♭メジャー・スケールのラインなので注意が必要です。それだけテーマのメロが"強い"といえるわけです。なお全体に渡って登場するドミナント7thコードはおもにF7、D7、そしてこのD7の3種類。いずれも同じフレーズを使用することができます。F7でのフレーズをそのままずらして弾いてみてください。

03 Room 335
ルーム335

Music by Larry Carlton

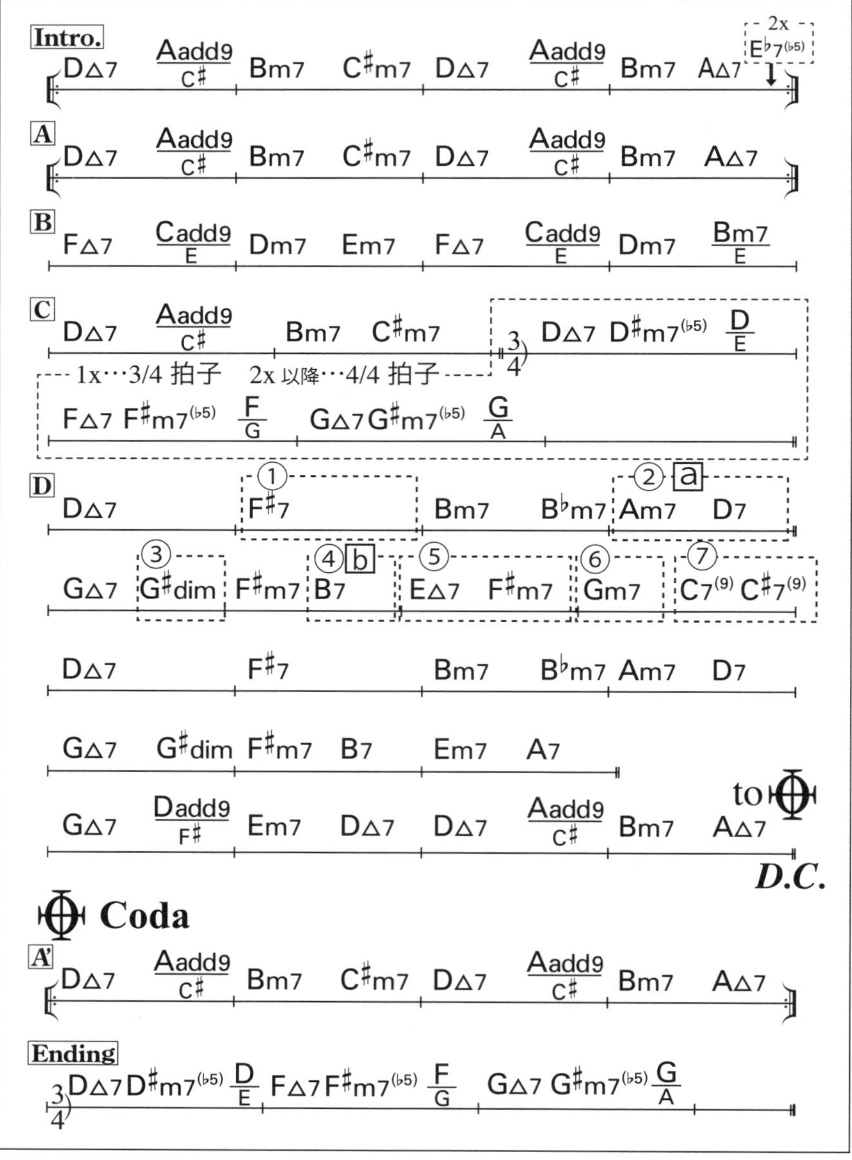

完コピでソロが弾けても、“もう1コーラス弾いて！"と言われたら撃沈必至のコード進行です。
①■F#7……Bm7に向かうドミナント7thコードなのでBハーモニック・マイナー。
②■Am7－D7……G△7に向かう部分転調のツーファイブなのでGメジャー・スケール。Dメジャー・スケールの“7サゲ"と覚えると良いでしょう。
→ポジション図(a)
③■G♯dim……F♯m7に向かうドミナント7thコードC♯7と同等の役割ゆえにF♯ハーモニック・マイナー。
④■B7……本来ならIIm7のEm7に向かうドミナント7thコードということでEハーモニック・マイナーですが、実際に登場するのはE△7であることを予感させるプレイも有りです。無難なのがBオルタード7thスケールです。
→ポジション図（b）
⑤■E△7－F♯m7……key=Eに部分転調したと考えEメジャー・スケールで、コード・アルペジオ中心に。
⑥■Gm7……全体はkey=D、それと同主調であるkey=FのIIm7と捉えればFメジャー・スケールですが、Dメジャー・スケールの第6、7番目を下げたDミクソリディアン♭6thというスケールで弾けば、結果的にGメロディック・マイナーになります。
⑦■C7(9)－C♯7(9)……前小節からGメロディック・マイナーのまま弾けば結果的にCリディアン7thスケールになります。C♯7(9)は、もはやおかず的に入れたパッシング・コードととらえて無視しても問題ありません(気にする人はいるかもしれないですが)。

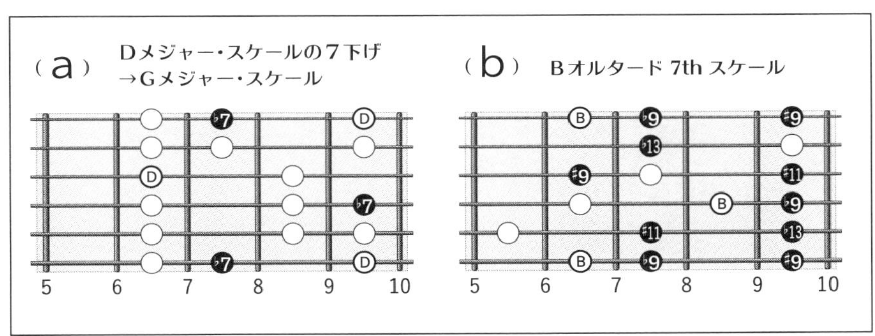

04 Stella by Starlight
星影のステラ

Music by Victor Young

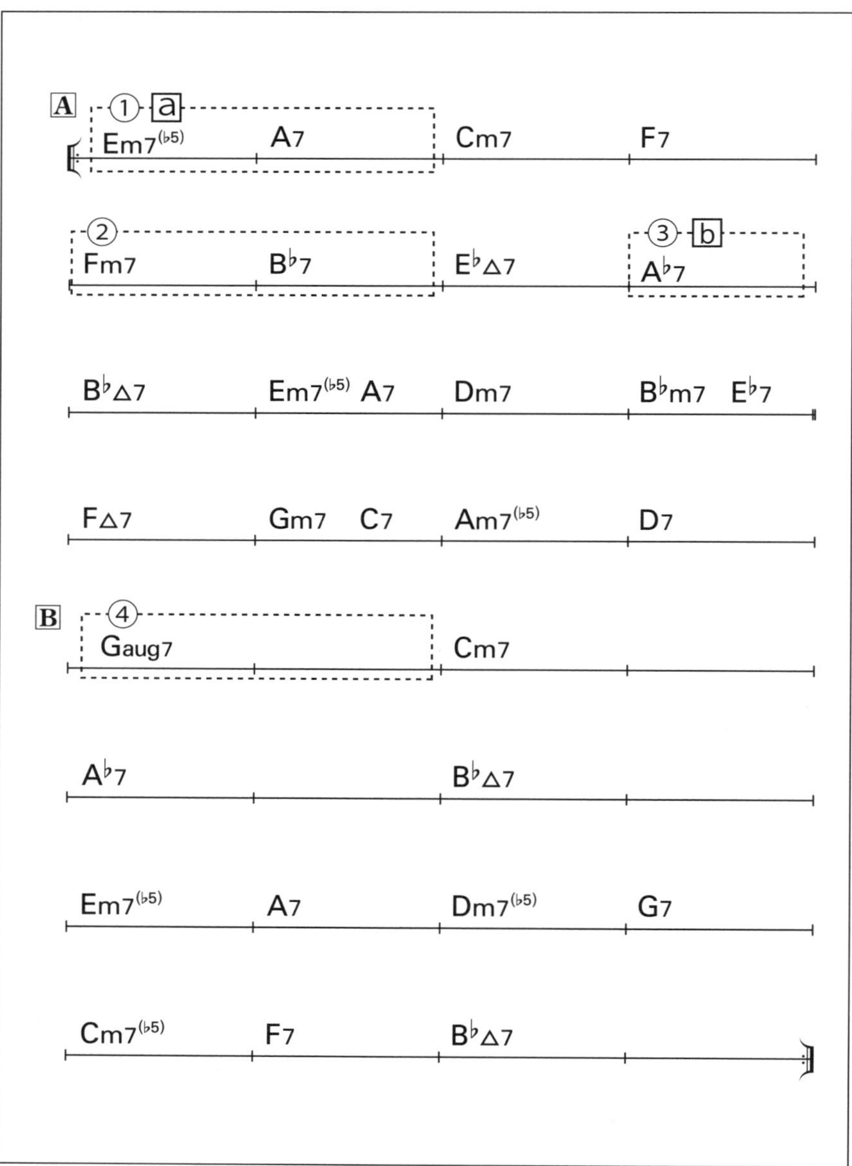

IIIm7への部分転調と♭VII7がポイントになります。
①■Em7(♭5)－A7……しょっぱなからのIIIm7へのツーファイブです。IIIm7であるDm7へのツーファイブということでDハーモニック・マイナー。もしくはEm7(♭5)をGm(onE)と捉えることができればGメロディック・マイナーも使えます。
→ポジション図(a)
②■Fm7－B♭7……IV△7であるE♭△7に向かうツー・ファイブなのでE♭メジャー・スケールで。

③■A♭7……他の曲にも頻繁に登場する♭VII7。同主調のkey=B♭mのダイアトニック・コードと捉えるのは早計です。B♭メジャー・スケールの第6、7音を半音下げたスケール、A♭リディアン7thスケールがオススメです。
→ポジション図 (b)
④■Gaug7……メロディがD♯音にいっているのでそれに対応してaug7となっています。次のコードに注目し、key=B♭のIIm7であるCm7へのV7ということでCハーモニック・マイナーを使えば、E♭=D♯を含むので好都合です。

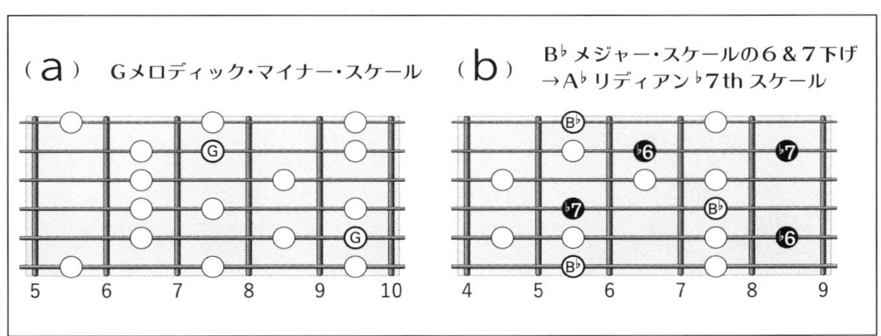

05 All The Things You Are

オール・ザ・シングス・ユー・アー

Music by Jerome Kern

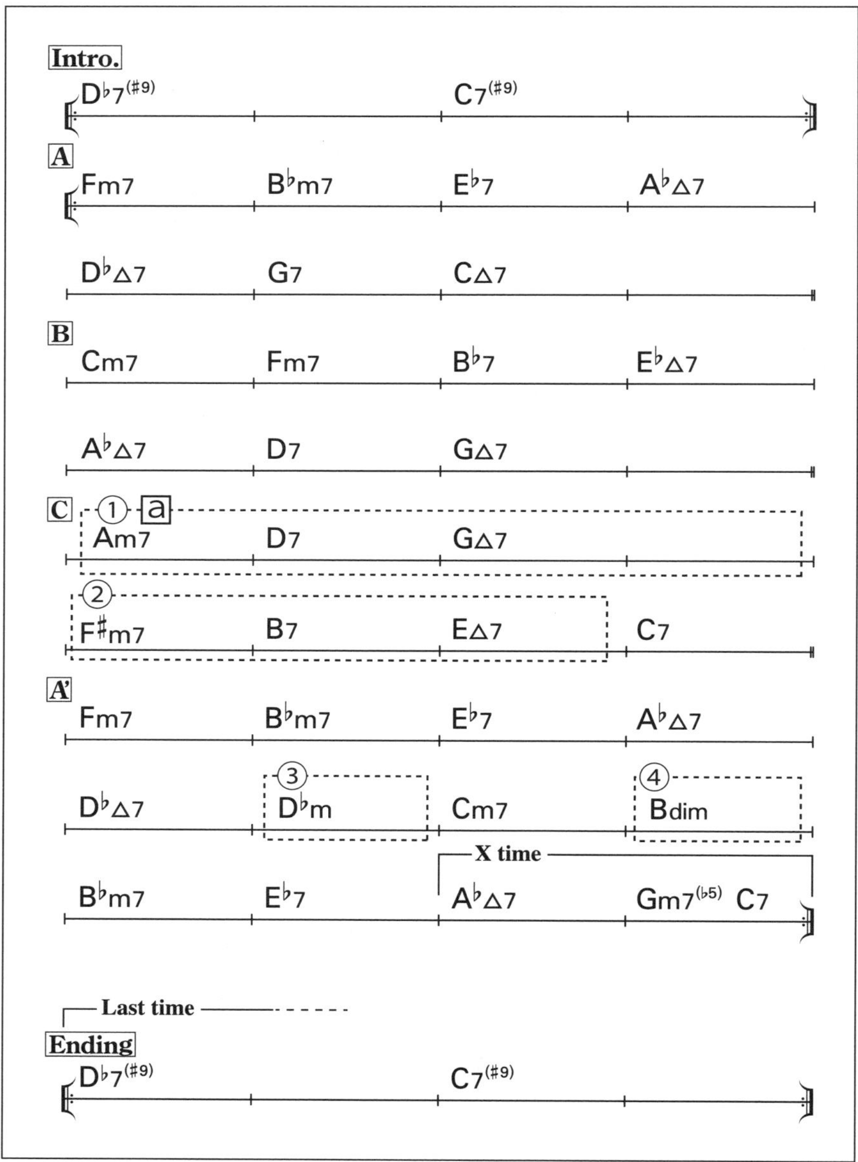

転調の嵐で有名な曲ですが、3度音を狙えば案外乗り切れるかも。

[A]セクション

key=A♭のダイアトニック・コードで進み、G7をはさんでkey=Cとして解決します。テーマが全般的に各コードの3度をたどっているので、同様の方法でアドリブすれば曲調に合った印象になるでしょう。G7ではCハーモニック・マイナーやGオルタードなどがおすすめです。

[B]セクション

key=E♭に転調しつつもコード進行の流れはAメロと同じです。

①■Am7-D7-G△7……key=GのIIm7-V7-I△7。各コードの3度をターゲットにした参考譜例を弾いてみましょう。

→譜例(a)

② ■F♯m7-B7-E△7……key=EのIIm7-V7-I△7。なおセッションによってはF♯m7(♭5)で演奏する場合もあります。

③■D♭m……サブドミナント・マイナーですが同主調(key=A♭m)というよりも、A♭メジャー・スケールの第6、7音を半音下げたA♭ミクソリディアン♭6thがおススメです。ちなみにそれはD♭メロディック・マイナーということでもあります。

④■Bdim……Cm7に再び戻るドミナント7thコード、G7系と捉えてCハーモニック・マイナーで弾くときれいにキマります。

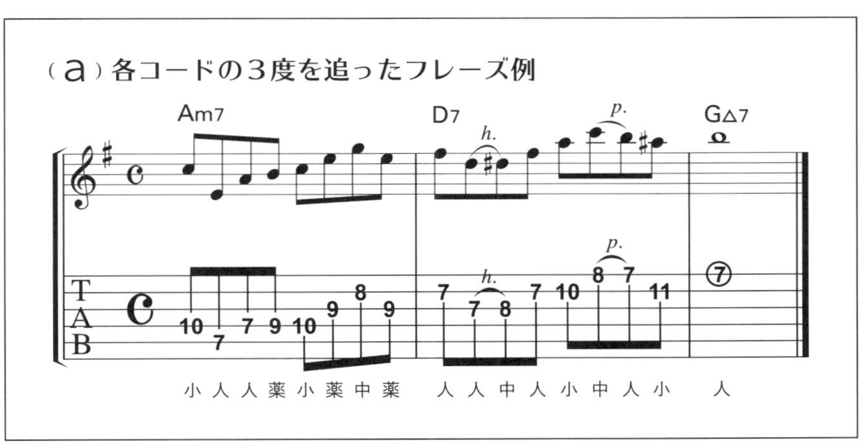

06 Feel Like Makin' Love

フィール・ライク・メイキン・ラヴ

Music by Eugene McDaniels

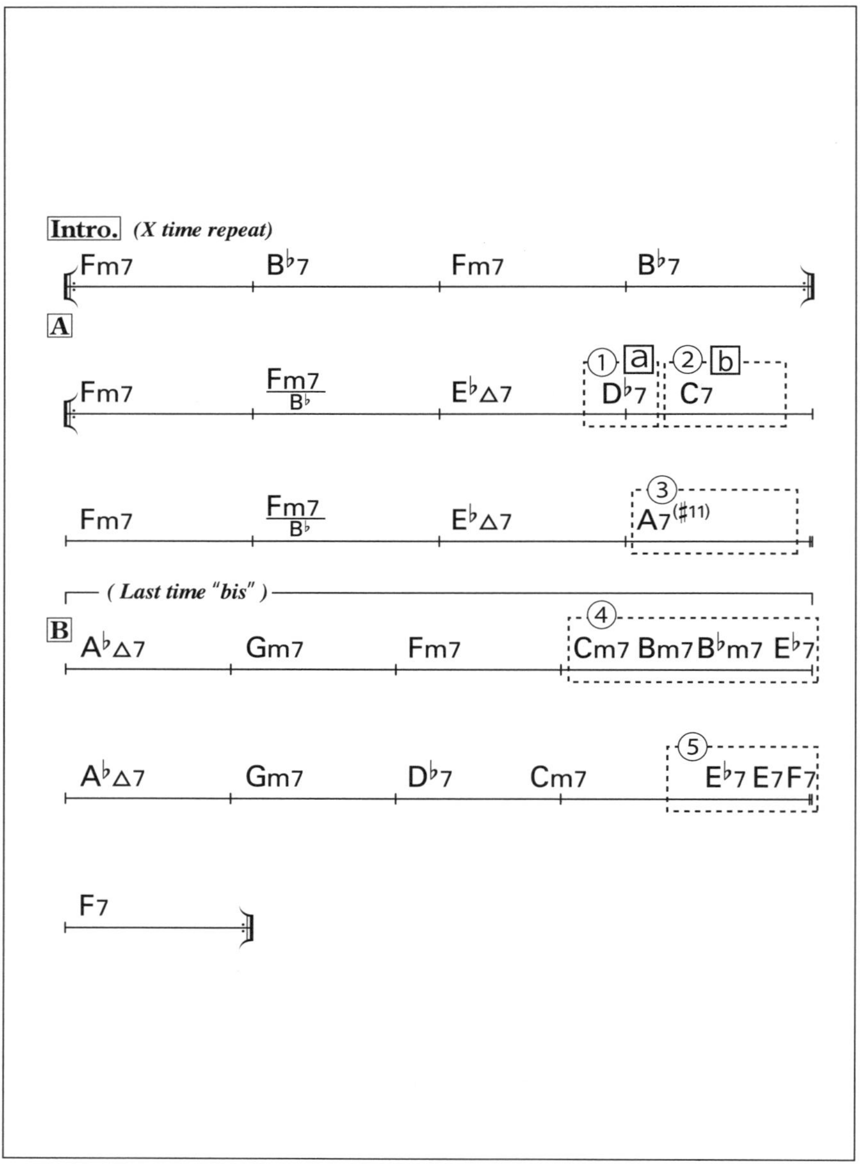

ほどよく凝ったコード進行でセッションでは人気ですが、難しいスケール網羅のメカニカルなソロでは艶っぽさ台なしです。

■テーマについて

メロディはすべてCマイナー・ペンタのみで構成されています。ただし3～4小節目にかけてはバッキングがテーマにレスポンスするゾーンになり、基本的にはスケール・チェンジが必要となるので注意が必要です。

①■D♭7……♭VII7なので、E♭メジャー・スケールの第6、7音目を下げたE♭ミクソリディアン♭6th(=D♭リディアン7thスケール)で。

→ポジション図(a)

②■C7……Fm7に戻るドミナント7thコードなのでFハーモニック・マイナーが弾きやすいでしょう。

→ポジション図(b)

③■A7(#11)……A♭△7に向かうドミナント7thコードであるE♭7の裏コードと捉えてAリディアン7thスケールが一般的ですが、Gディミニッシュ・コード・トーンでトライ・トーン攻めにするのもおススメです。

④■Cm7～E♭7……コードが細かく切り替わっていきますが、あまりに気しなくてもいいのです。Cマイナー・ペンタでブルージィに弾くのが艶っぽくて推奨!

⑤■E♭7-E7-F7……Fマイナー・ペンタに△3rdであるA音を加味してブルージィに攻めると全体としてメリハリがつきます。

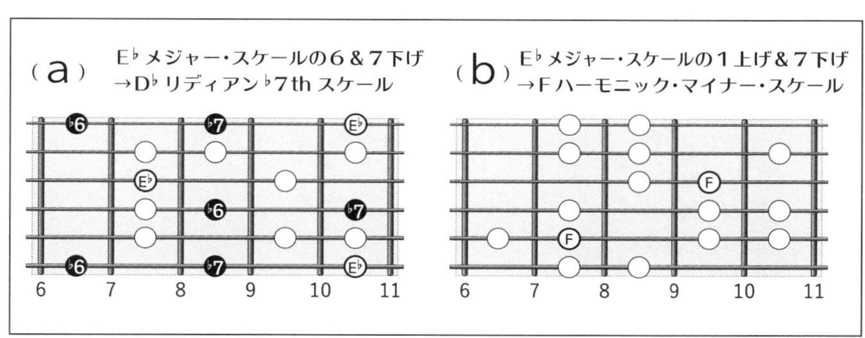

Misty

ミスティ

Music by Erroll Garner

A

|: E♭△7 | ① B♭m7 E♭7 | A♭△7 | ② A♭m7 D♭7 |

| E♭△7 Cm7 | Fm7 B♭7 | ③ a G7 C7 | Fm7 B♭7 ||

A'

| E♭△7 | B♭m7 E♭7 | A♭△7 | A♭m7 D♭7 |

| E♭△7 Cm7 | Fm7 B♭7 | E♭6 A♭m7 | E♭6 |

B

| B♭m7 | E♭7(♭9) | A♭△7 | |

| ④ Am7 | D7 | F7 B♭7 | ⑤ Edim Fm7 B♭7 ||

A"

| E♭△7 | B♭m7 E♭7 | A♭△7 | A♭m7 D♭7 |

| E♭△7 Cm7 | Fm7 B♭7 | E♭6 A♭m7 | E♭6 :|

有名なバラードですが、早い人は2小節目から曲名どおりの“五里霧中"になってしまうはず。

①■B♭m7-E♭7……サブドミナントのA♭△7に向かうツー・ファイブなのでkey=A♭に沿ったスケール。

②■A♭m7-D♭7……key=E♭に対して同主調関係にあるkey=E♭mのトニック・コードであるG♭△7に向かうツー・ファイブ。

③■G7-C7-F7-B♭7……セブンス・コードが4度で数珠つなぎ状態ですが、各コードのミクソリディアンなどで弾かずに、G7=Cm7に向かうドミナントとしてCハーモニック・マイナー、C7=Fm7に向かうドミナントとしてFハーモニック・マイナー、F7=この曲のkey=E♭のV7であるB♭7に向かうコード(=ドッペル・ドミナント)ということでB♭メジャー・スケールが標準的ですが、Cマイナー・ペンタで落ち着くように弾くとドンピシャで合います。B♭7=E♭△7に戻るドミナント7thコードとして対応。

→譜例(a)

④■Am7-D7……違和感のあるG△7へのツー・ファイブだけに、Gメジャー・スケールを普通に弾いても十分アウト感が出ます。

⑤■Edim……IIm7であるFm7へ向かうドミナント7thコード、C7に♭9thを加え、ルート音を省いて生成されるディミニッシュ・コード・トーン。Fハーモニック・マイナーが標準的に合います。

(a)種々のスケールを使って不安感を高めたフレーズ例

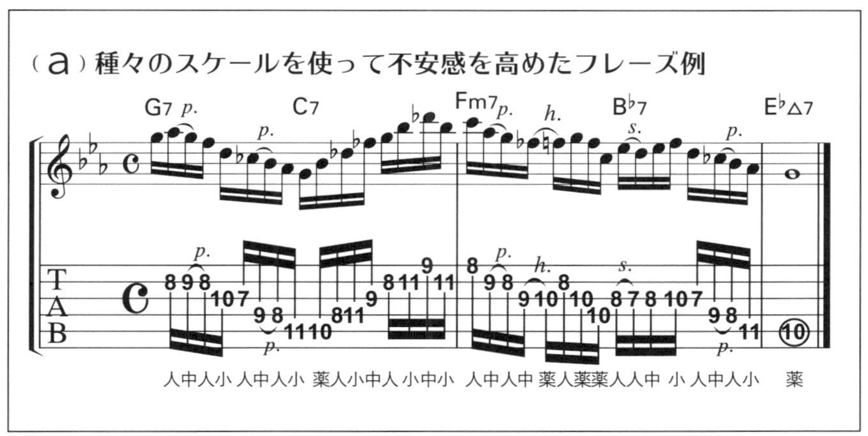

08 Days of Wine and Roses

酒とバラの日々

Music by Henry Mancini

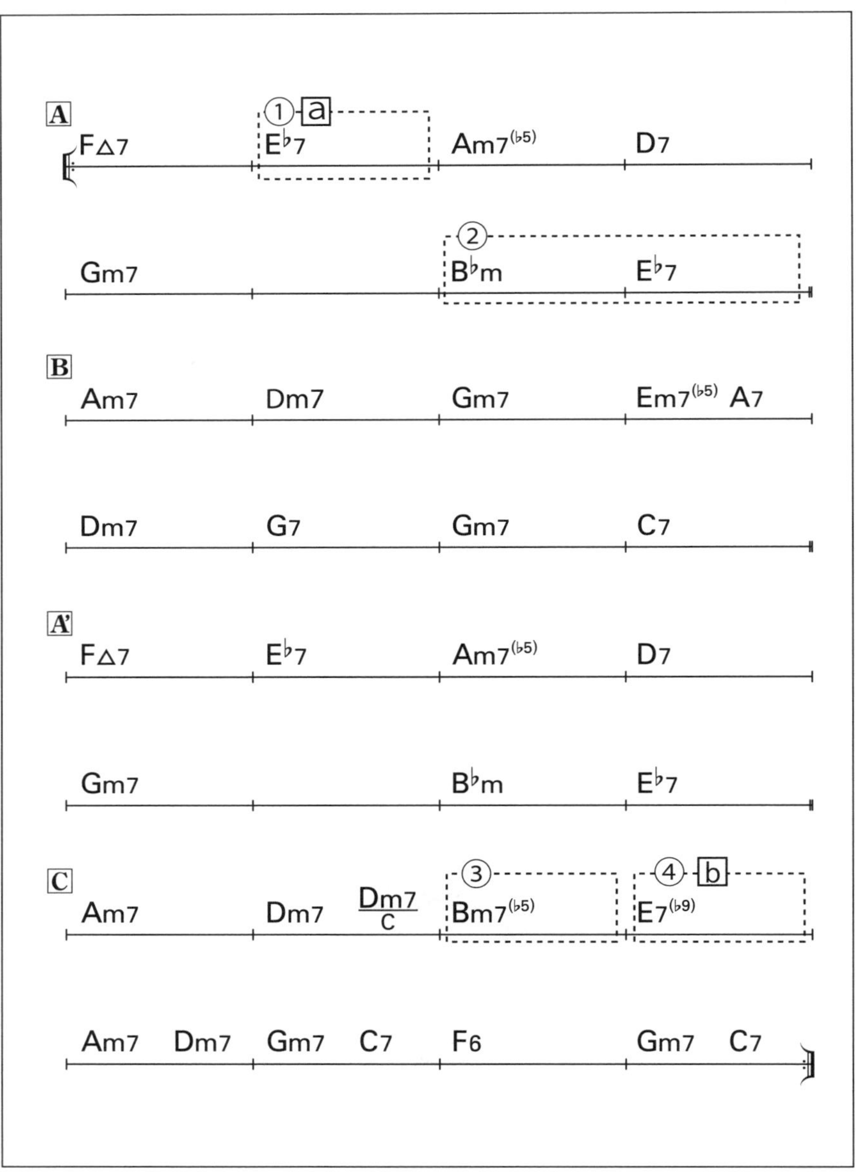

B♭mを同主調のkey=Fmと勘違いする人が多数いますが、実はそうではありません。

①■E♭7……本書に頻繁に登場する♭VII7です。Fメジャー・スケールの第6、7音を下げたスケール(E♭音基準でいうとE♭リディアン7thスケール)となります。

→ポジション図(a)

②■B♭m-E♭7……同主調のkey=FmであればA♭音となるはずですが、メロディはA音。つまりkey=Fを保持しています。E♭7時と同様にFメジャー・スケールの第6、7音を下げたスケールで弾けば、すなわちB♭メロディック・マイナー(上行形)となります。

③■Bm7(♭5)……次のE7(♭9)と合わせて見れば、Am7へのツーファイブと思えます。それでもいいのですが、Bm7(♭5)をDm/Bだと認識すれば、前の小節Dm7→Dm7/Cからの流れが見えてきます。つまりベース音は下降していきながら、上のコードはDmを持続しているわけです。だとすれば、Dマイナー・ペンタで弾けばピッタリ合います。

④■E7(♭9)

key=FにとってIIIm7であるAm7に向かうドミナント7thコードなので、Aハーモニック・マイナーが標準的に合います。

→ポジション図(b)

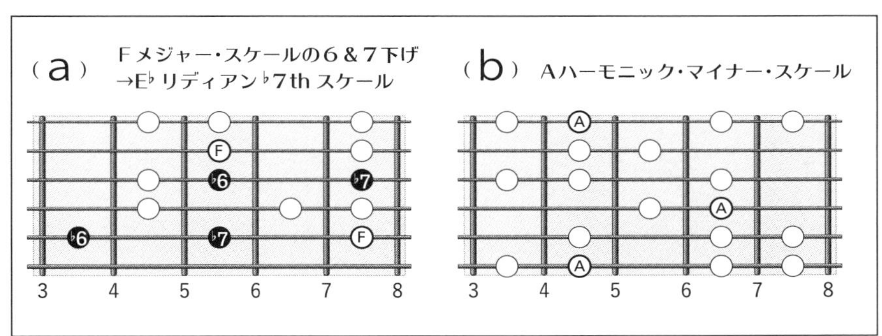

09 Giant Steps

ジャイアント・ステップス

Music by John Coltrane

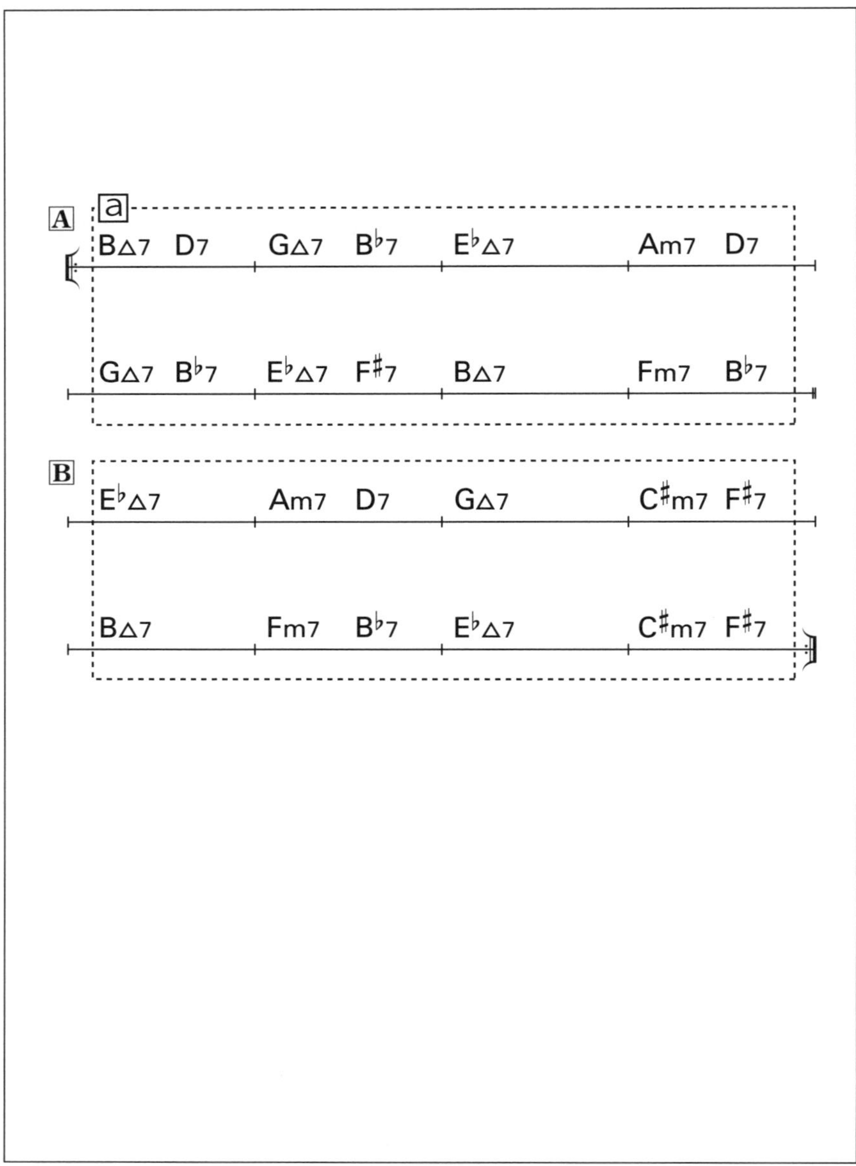

key=B、G、E♭が万華鏡的に切り替わる、ジャズの最難曲のひとつです。

[A]セクション

key=B→G→E♭→Gと早い周期で切り替わります。[A]部分を8分音符単位で数えると、
key=B…4個→key=G…8個→key=E♭…12個→key=G…8個
key=G … 4個→key=E♭…8個→key=B…12個
となります。
→図(a)

[B]セクション

key=E♭、key=G、key=Bの各ツー・ファイブ・ワンが規則的に切り替わっていくので分かりやすいでしょう。頻繁に転調を繰り返すということは、オルタードなどの“攻める"系スケールを駆使しなくても、十分緊張感を聴き手に与えることが可能です。まずは各キーに沿ったメジャー・スケールを弾けるようになりましょう。

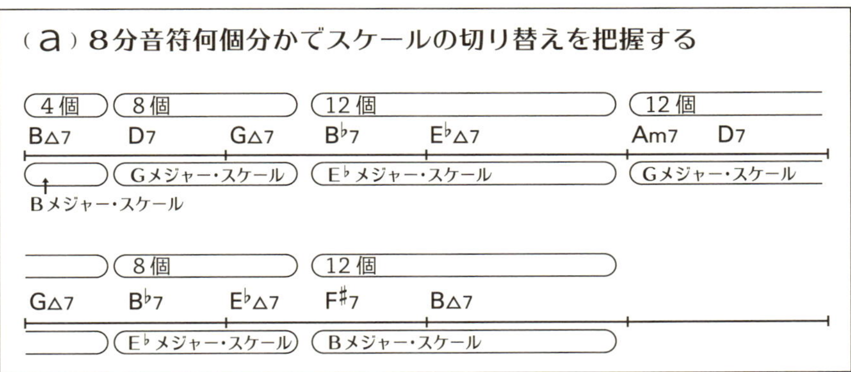

10 Wave

波

Music by Antonio Carlos Jobim

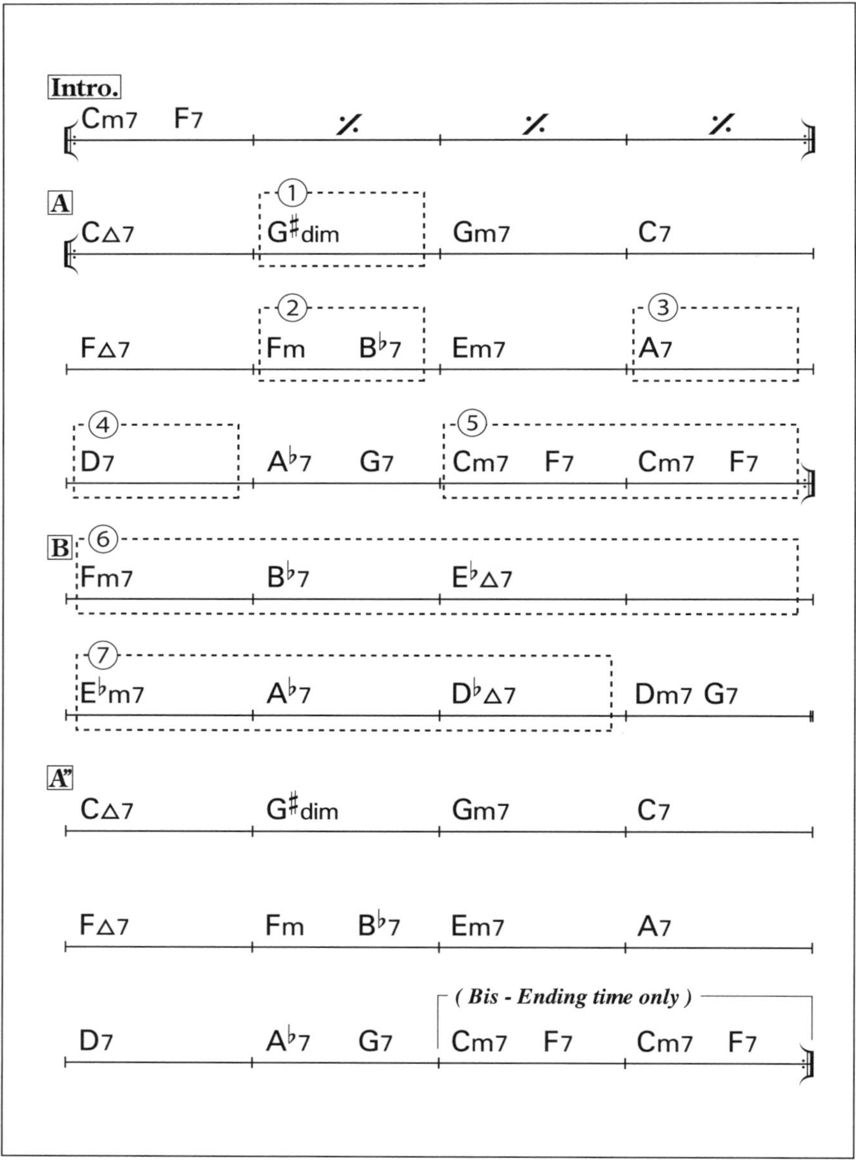

ボサ・ノヴァの代表曲で美しいメロディですが、弾くとなると“凪”とは決していかない高波注意報発令です。

①■G♯dim……ディミニッシュ・コード・トーンでとりあえずしのぐ人が多いと思いますが、もともとはG7だったものが、より不安感を出すためにルート音が半音上がったA♭dimになったと理解すれば、ソを半音挙げてソ♯に変えたAハーモニック・マイナーが使えると導けます。

②■Fm－B♭7……同主調key=Cmのダイアトニック・コードと見立ててCマイナー・スケール(頭かゆい=シラミ落ち)を弾いても良いのですが、それより以前にシとラだけ半音下げたスケール、すなわちCミクソリディアン♭6thで弾けば、(結果として)Fメロディック・マイナー→B♭リディアン♭7thを弾いたことになります。

③■A7……次がD7なのでDメジャー・スケールと思いがちですが、基本的にA7はkey=CではDm7の登場を期待するように聴こえますので、Dハーモニック・マイナーを弾くのが最も自然でしょう。

④■D7……次の次のG7に向かうダブル・ドミナントと捉えてGメジャー・スケール、と思いがちですが、key=C(平行調としてkey=Am)から調号的には変化しないので、

◆Aドリアン・スケールのダイアトニック・コード(ファを半音上げる)=Dミクソリディアン・スケール

あるいは、

◆Aメロディック・マイナーのダイアトニック・コード(ファとソを半音上げる)と捉える=Dリディアン♭7thといった解釈が良いでしょう。なお、Dミクソリディアンは結果としてGメジャー・スケールと同一です。

⑤■Cm7－F7……Cドリアン・スケールのダイアトニック・コードであると考えましょう。key=B♭へのツー・ファイブと考える人がいます。結果として音列は同じですが、それはメジャー・スケールを基本軸に据えた捉え方であり、本質的ではありません。

⑥ ■Fm7－B♭7－E♭△7……key=E♭のツー・ファイブ・ワンです。

⑦ ■E♭m7－A♭7－D♭△7……key=D♭のツー・ファイブ・ワンです。ボサ・ノヴァやサンバではこのような数珠つなぎ転調が頻繁に登場します。

11 Affirmation
アファーメイション

Music by Jose Feliciano

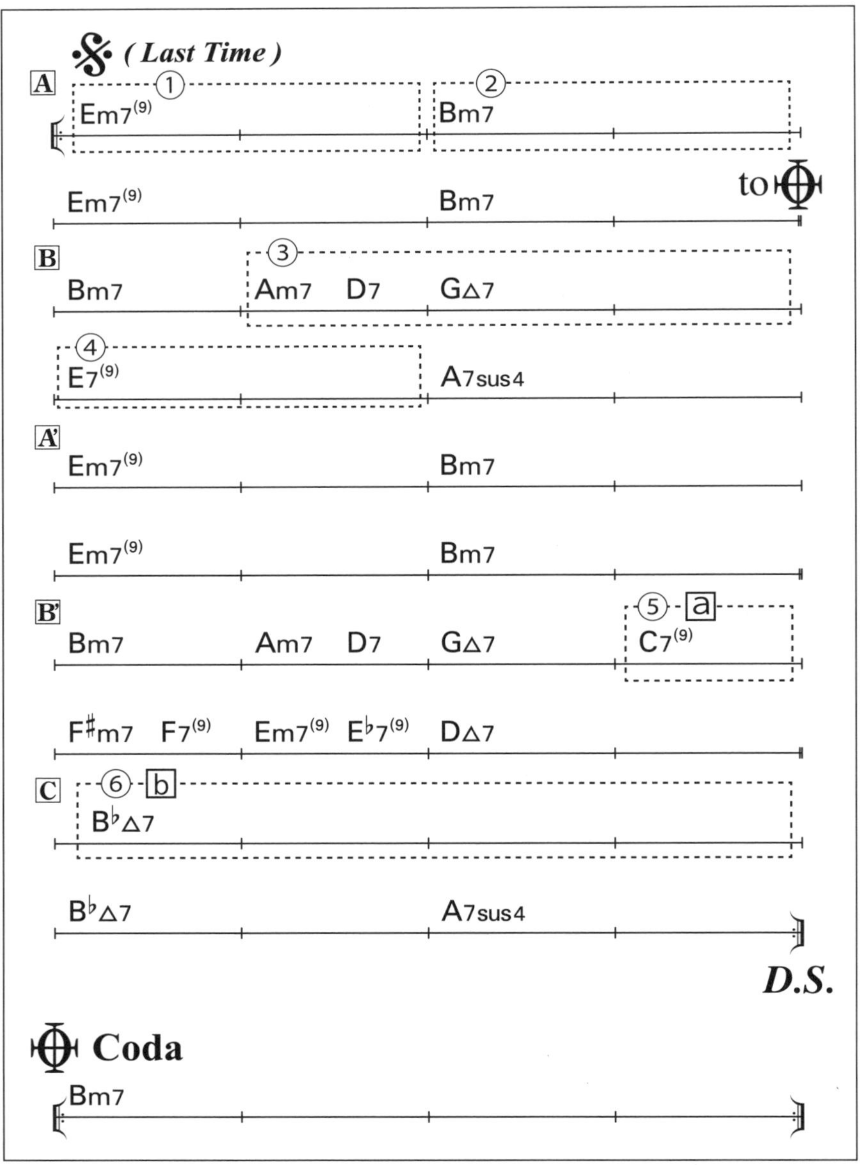

①■Em7$^{(9)}$……テーマがEm7$^{(9)}$の9th。key=Dのダイアトニック・コード(IIm7)なので、Dメジャー・スケールでOKですが、Bm7コード・アルペジオを弾くとほどよいテンション音に。

②■Bm7……テーマがA/B→Bm7という流れの音使いになっていることに注目して下さい。A→Bmというコード・アルペジオの流れを取り入れるとストーリーを感じるアドリブに。

③■Am7-D7-G△7……key=DのIV△7であるG△7に向かうツーファイブなので、基本はGメジャー・スケールとなります。Dメジャー・スケールの第7音を下げれば(本書で何度も登場している7サゲ)OK!

④■E7$^{(9)}$……key=Dのダイアトニック・コードであれば通常はEm7になるところです。オススメはBマイナー・ペンタのまま弾くこと。E7$^{(9)}$で問題となるのはG♯音。これはBマイナー・ペンタに含まれていないので、気にせず弾くことができるのです。

⑤■C7$^{(9)}$……key=Dにとって♭VII7に相当するコード。なのでDメジャー・スケールの6、7サゲのDミクソリディアン♭6thで弾けば、Cリディアン7thスケールを弾いていることになります。
→ポジション図(a)

⑥■B♭△7……メロディがE♭なので、同主調であるkey=Dmのダイアトニック・コードではありません。、ここはkey=B♭と考えられ、B♭メジャー・スケールが標準です。ただし、B♭△7=Dm/B♭なのでオススメはDマイナー・ペンタです。
→ポジション図(b)

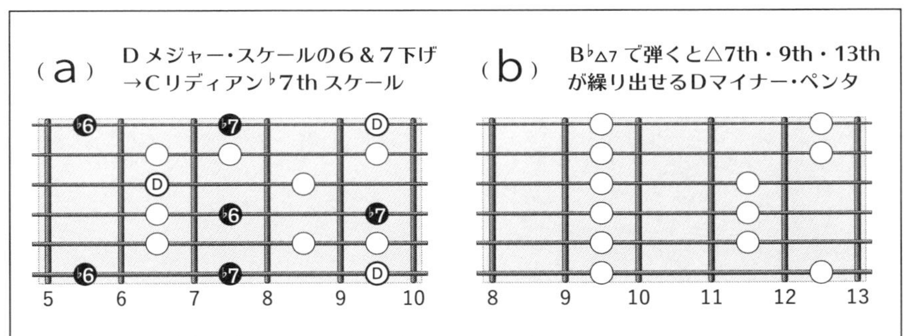

12 Blue Bossa

ブルー・ボッサ

Music by Kenny Dorham

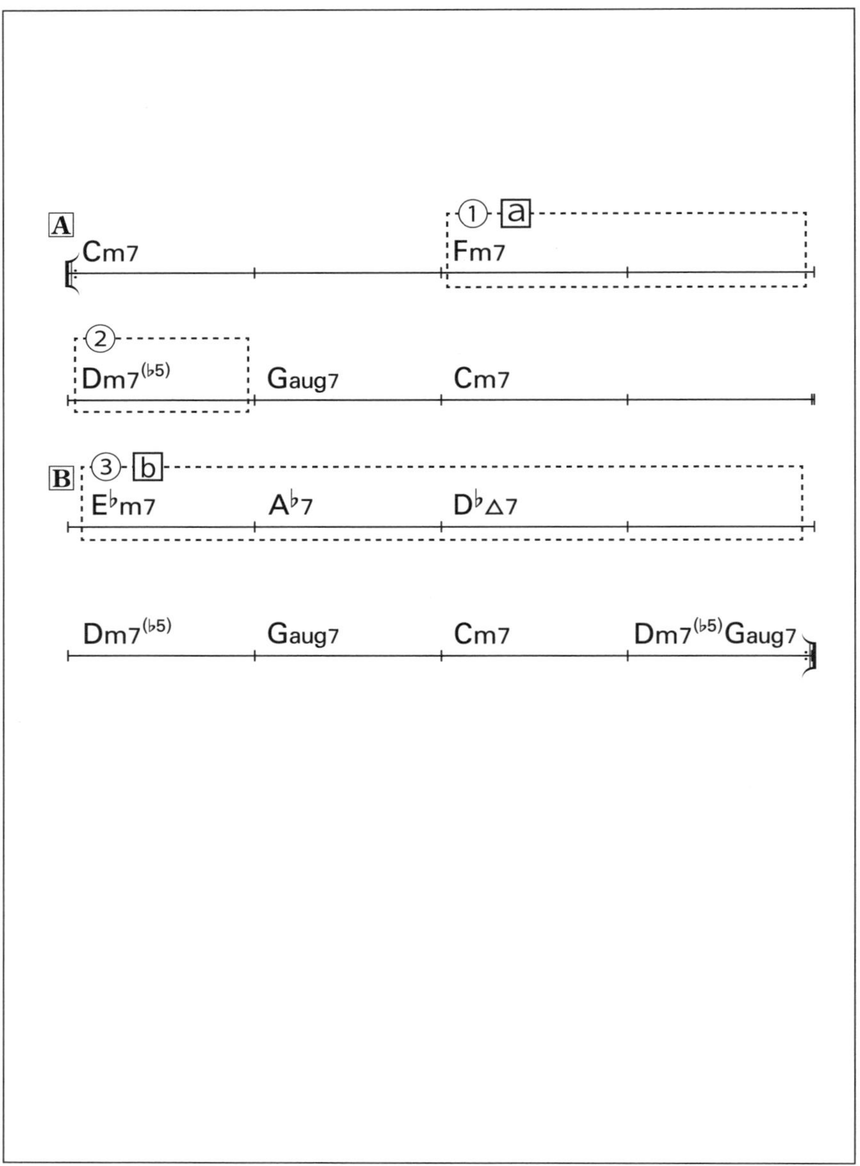

唐突なkey=D♭の部分転調が鬼門！

①■Fm7……key=Cmのダイアトニック・コードなのでCマイナー・スケール(=Fドリアン・スケール)が標準ですが、よりメロウに弾きたい場合はFメロディック・マイナー(上行形)がオススメです。

→ポジション図(a)

②■Dm7(♭5)……オン・コード表記にするとFm/D。つまりFm7と同じくFメロディック・マイナー(上行形)がキレイにはまります！

③■E♭m7-B♭7-D♭△7……唐突にkey=D♭のツー・ファイブ・ワンが入ります。全音下への転調はボサ・ノヴァやラテンで多用されるので覚えておきましょう。ジャジィな音使いを盛り込んだ参考譜例も挙げておきます。

→ポジション図(b)

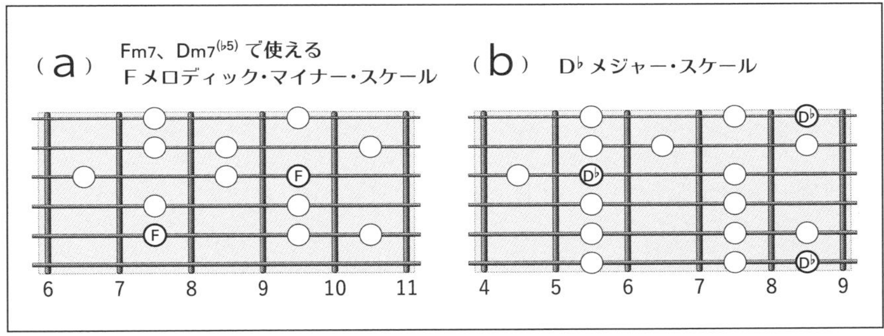

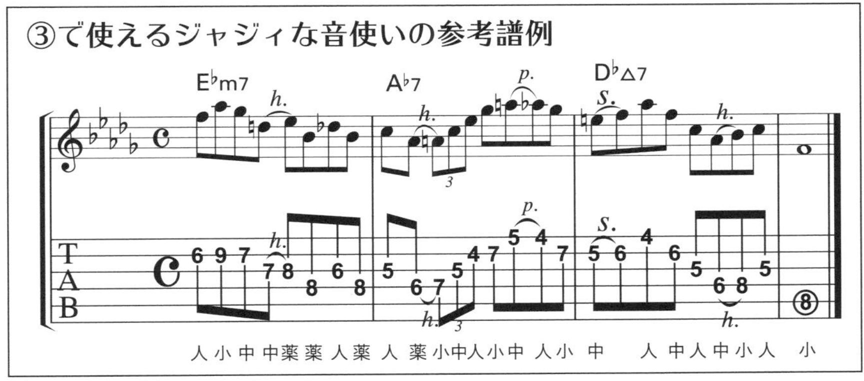

13 Someday My Prince Will Come

いつか王子様が

Music by Frank Churchill

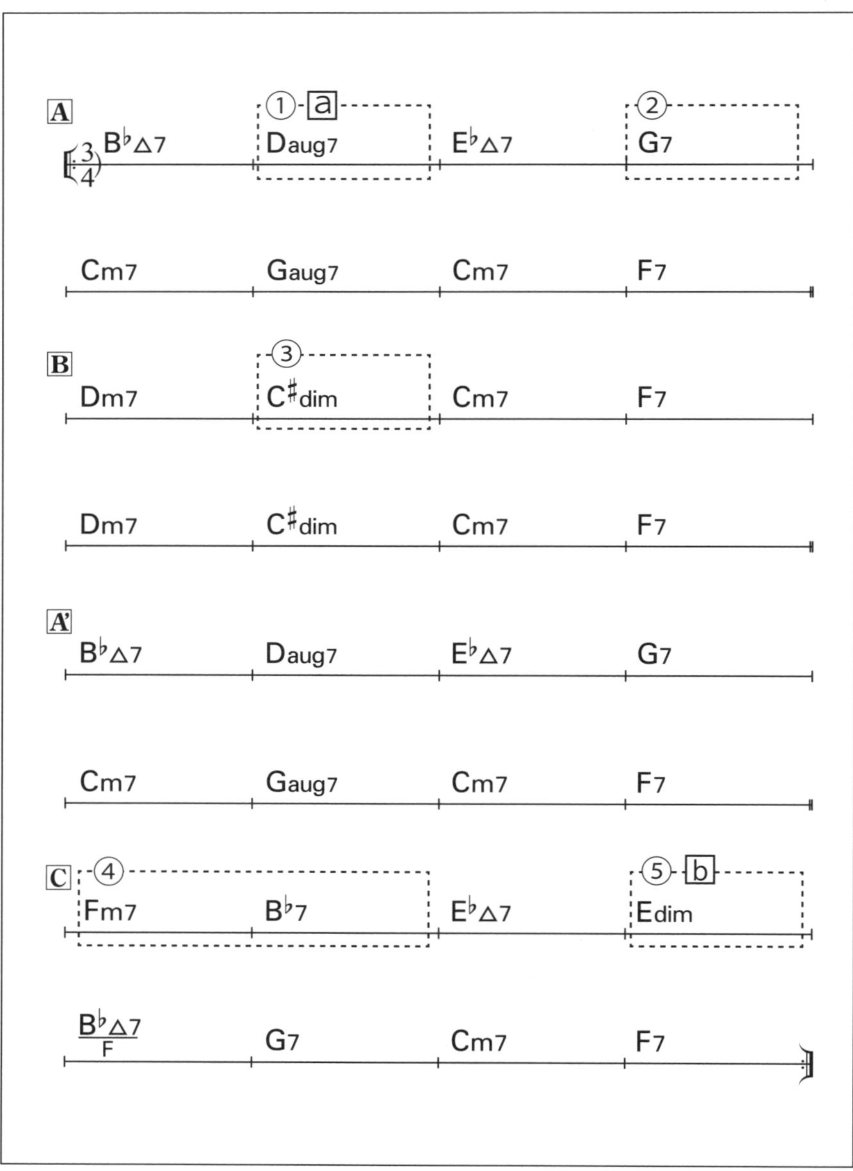

目的地に解決しないふうな部分転調が怒涛のように登場し、初見では見失うこと必至です。

①■Daug7……トニック・コードであるGm7に向かうドミナント7thコードであり、Gハーモニック・マイナーで弾くのが標準です。次にくるコードはE♭△7ですが、これを別名Gm/E♭であると見ることができれば、Gmコードに落ち着くフレーズを弾けばピッタリはまります！

→ポジション図(a)

②■G7……IIm7のCm7に向かうドミナント7thコードなので、基本的にはCハーモニック・マイナーが適合。

③■C♯dim……パッシング・ディミニッシュと呼ばれるコードで、C♯ディミニッュ・コード・トーンを使えばモロにそのもの。Dm7にとってのドミナント7thコードである、A7に♭9thを足して生成したものだと捉えられれば、Dハーモニック・マイナーを考えることができます。

④■Fm7－B♭7……サブドミナントのIV△7であるE♭△7に向かうツーファイブ。よってE♭メジャー・スケールが標準適合です。

⑤■Edim……前出のC♯dimと同種です。トニックのB♭音を含むディミニッシュ・コード・トーンなのでトニック・ディミニッシュと呼ばれることもあります。Gマイナー・ペンタのポジションを元手に弾けるようにしておくと良いでしょう。

→ポジション図(b)

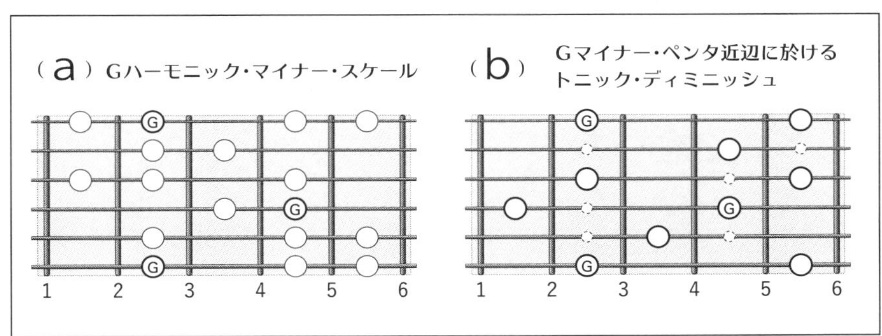

14 Just Friends

ジャスト・フレンズ

Music by John Klenner

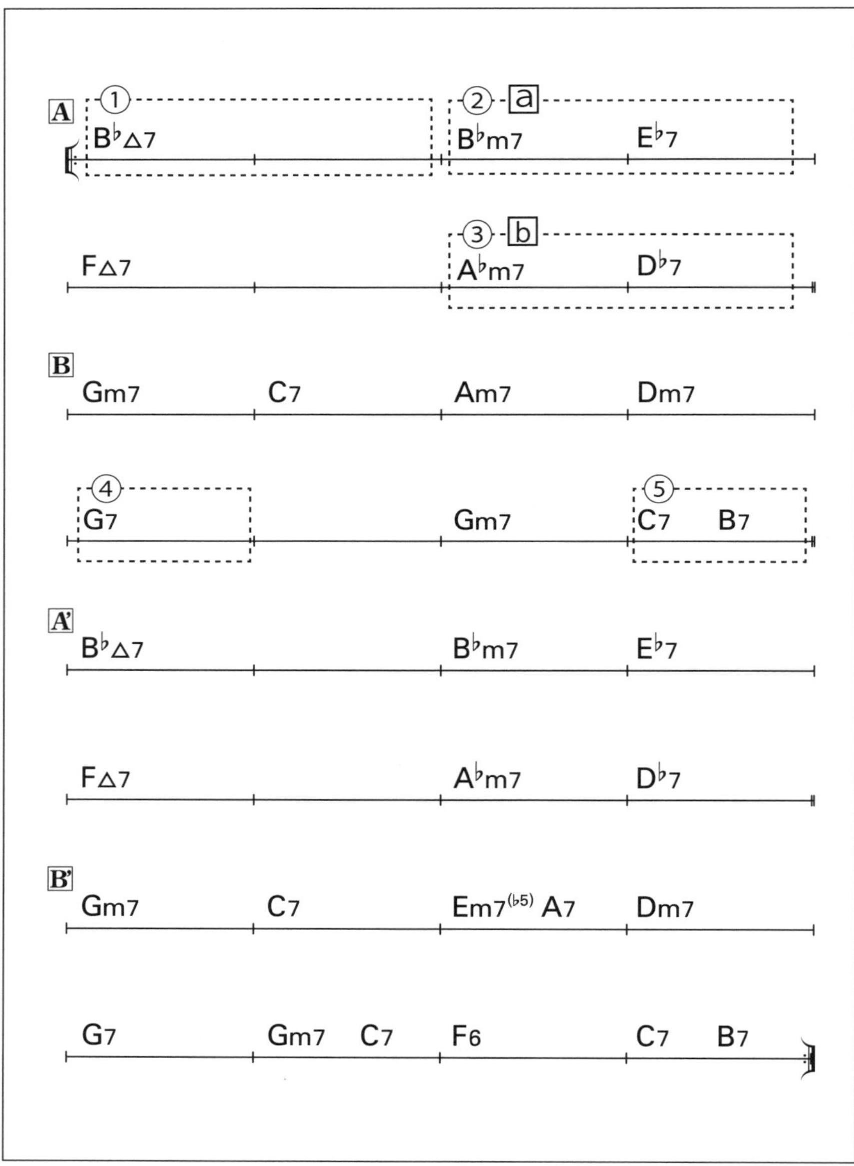

“簡単なので一緒にやりましょう!”と言われてステージに上がったら部分転調で激沈、歌詞の通りに切ない気持ちに……。

①■B♭△7……key=Fのトニックではなく、IV△7から始まることに注意して下さい。種々のプレイが可能ですが、“サブドミこそは6マイナー・ペンタ"ということで、シンプルにDマイナー・ペンタで落ち着くように歌わせるプレイが良いでしょう!

②■B♭m7-E♭7……key=Fの同主調であるkey=Fm、そのダイアトニック・コードであるA♭△7に対するツー・ファイブ

→ポジション図(a)

■テーマ(2段目)

1段目のテーマをそっくりそのまま全音下げたメロディになっています。

③■A♭m7-D♭7……いろいろな解釈が可能ですが、シンプルにG♭△7へのツー・ファイブとして、G♭メジャー・スケールでメロディアスに弾き、次のGm7-C7で元のkey=Fに戻るというのが適度な緊張感があってオススメです。

→ポジション図(b)

④■G7……次の次のC7へ向かうダブル・ドミナントとして解釈するのでも構いませんが、DドリアンやDメロディック・マイナーを想定すればそのダイアトニック・コードにG7が存在しています。メロディアスに弾くならDマイナー・ペンタもオススメです。

⑤■C7-B7……C7はI△7に戻るドミナント、そしてB7はB♭△7へのドミナント(=セカンダリー・ドミナント)であるF7の裏コードになります。B7時で律儀にBリディアン7thスケールを弾いてもいいのですが、ゆったり感は消失します。むしろDマイナー・ペンタのままゆったり歌わせたほうが曲調にはマッチするでしょう。

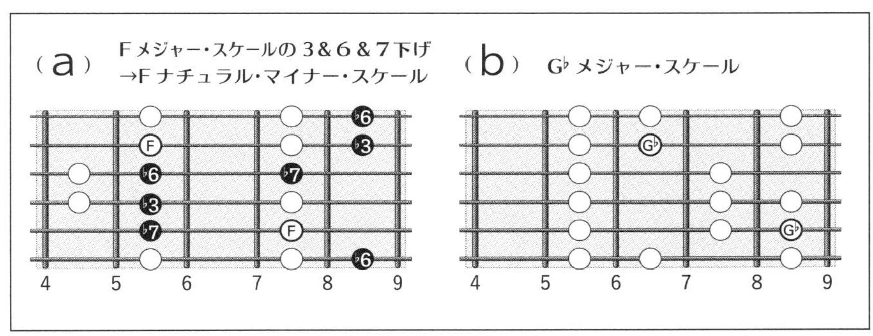

15 I Remember Clifford
クリフォードの思い出

Music by Benny Golson

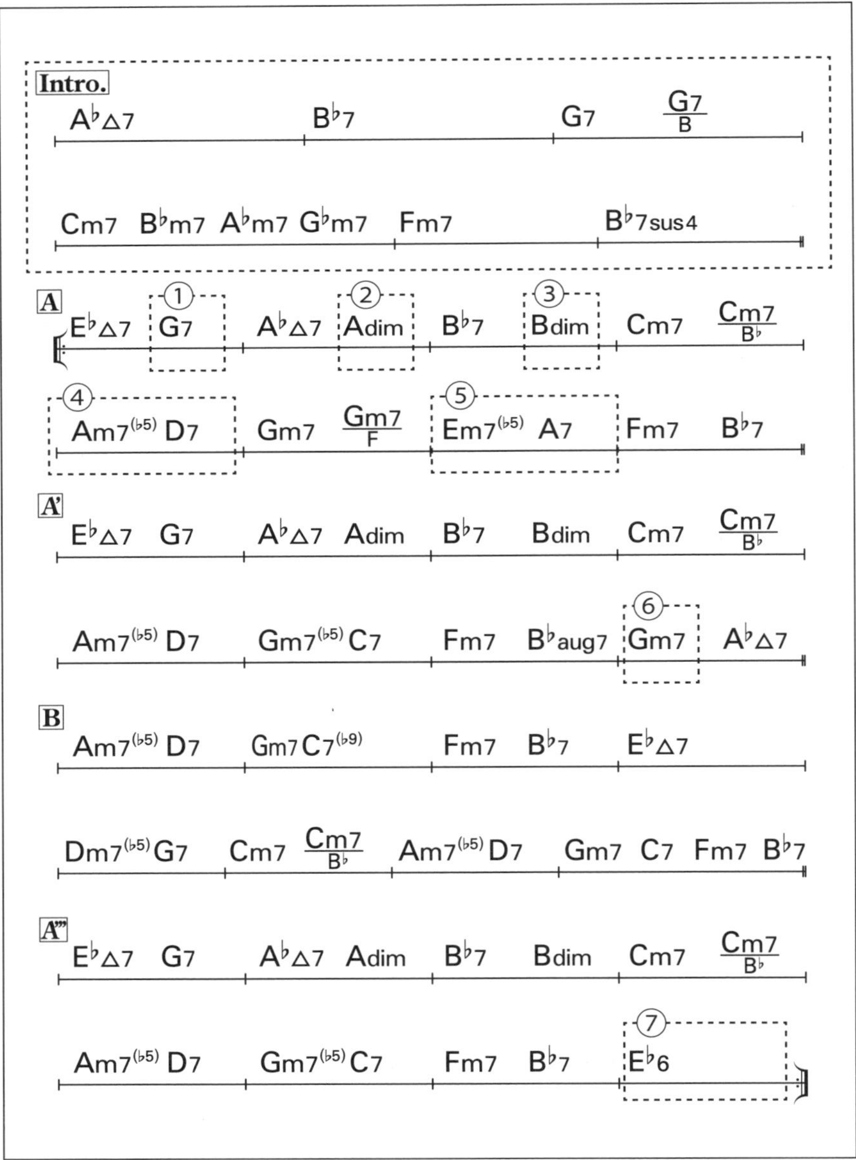

メロが至極！　テーマを弾くだけでもOKの名曲ですが、コード進行はなかなか難解です。

[Intro.]

幕開けとなるこの部分では基本的にアドリブは弾きません。前奏のテーマを歌心たっぷりに弾くことに集中して下さい。全編とおして言えることですが、とにかくメロディの完成度が大変高いので、音色の変化を交えながら情緒豊かにメロディを奏でて下さい。

①■G7……VIm7へのドミナントで、Cハーモニック・マイナーが標準適合ですが､次に来るのはIV△7であるA♭△7。しかし安心して下さい。A♭△7は別表記にするとCm/A♭、つまりCmに落ち着くように弾けばバッチリ合うわけです。

②■Adim……B♭7に向かうドミナント7thコード、F7のルート音が半音上がったF♯dimと同種。ざっくり言えばGハーモニック・マイナーで弾けば合います。時間がなければAディミニッシュ・コード・トーンだけでもOK。

③■Bdim……VIm7であるCm7に向かうドミナント、G7と役割は同じと捉えてCハーモニック・マイナーが標準適合します。

④■Am7(♭5)－D7……IIIm7であるGm7へのツー・ファイブです。ちなみにこの曲はIIIm7 (=V7とも同じ方向)へ向かう部分転調が頻繁に登場します。トニック(I△7、VIm7)、サブドミナント(IIm7、IV△7)、そしてこのIIIm7&V7という3つの行き先があり、それがこの曲を多彩に聴こえさせています。

⑤■Em7(♭5)－A7……Dm7へのツー・ファイブと捉えて弾くことも可能ですが、Em7(♭5)が、前小節のGmのルート音がG音→F音→E♭音と降りてきた流れであると見えれば、Gmのコード・アルペジオが案外ベストかも。A7は♭9thも付加して考えるとFm7に向かうような流れを持っています。

⑥■Gm7 ([B]の手前1小節の)……本来はI△7であるE♭△7が来る時に、代わりにIIIm7が置かれることは常套手法です。IIIm7はIIIマイナー・ペンタ、つまりGマイナー・ペンタで弾くのがおススメです。

⑦■E♭6……メロディがルート音で終わっているので、できればE♭△7は避けましょう(7度音がメロディと半音でぶつかるため)。6thはルート音の3度下側でハモっているとも言えます。バッキングする時は1拍目でコードを弾き、後を休符にすればソロ演奏が際立ってグッドです。

16 Confirmation

コンファメーション

Music by Charlie Parker

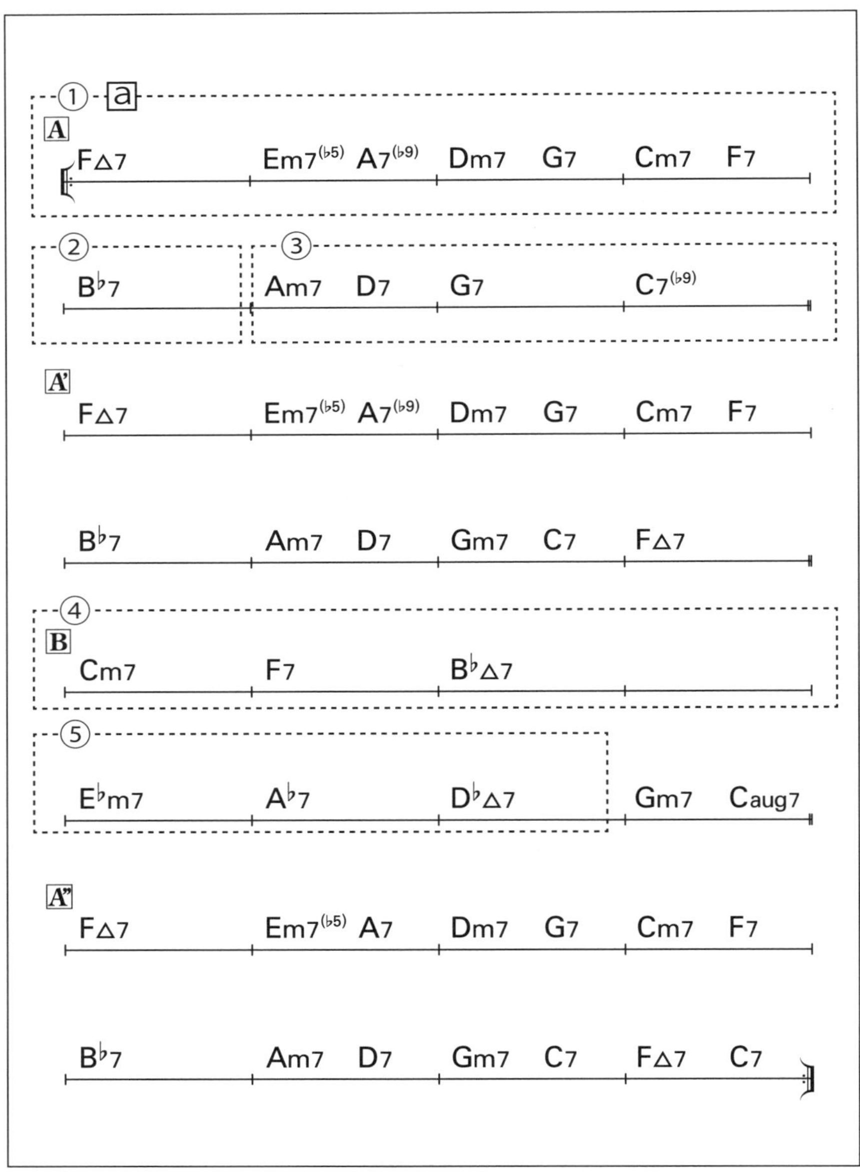

「ドナ・リー」と並び、チャーリー・パーカーによるアドリブ的テーマの二大巨頭と言える名曲です。とにもかくにもこの手の曲ではテーマがユニゾンで弾けることが前提条件です。

①■1～4小節目……2小節目はVIm7へのツー・ファイブ、G7、Cm7、F7はいずれもFメジャー・スケールにとってはノンダイアトニック・コードですが、その相違音はFメジャー・ペンタには含まれません。ということでFメジャー・ペンタ(=Dマイナー・ペンタ)一発で弾ききれますが、やはりコード・アルペジオを取り入れたプレイも弾けるようにしておきましょう。

→譜例(a)

②■B♭7……通常ならB♭△7なので、ここではFマイナー・ペンタに切り替えるか、あるいはFメジャー・ペンタでここだけブルー・ノートを強調(=A♭音)して弾くのが近道。B♭リディアン7thスケールとかはその後で修行を！

③■Am7-D7-G7-C7(♭9)…いわゆるIII-VI-II-Vの変型バージョンだといえます。とにかくこの曲を演奏する時はたいていテンポが速いので、案外Fメジャー・ペンタでおおらかに歌って、最後のC7(♭9)の時に少々ジャズ系フレーズを入れるのでも十分でしょう。

④■Cm7-F7-B♭△7……B♭△7へ向かうツー・ファイブ。ちなみにkey=B♭は曲全体のkey=Fにとってはサブドミナントの調にあたります。

⑤■E♭m7-A♭7-D♭△7…D♭△7へ向かうツー・ファイブ。その前のkey=B♭の同主調はkey=B♭m、その平行調がkey=D♭です。

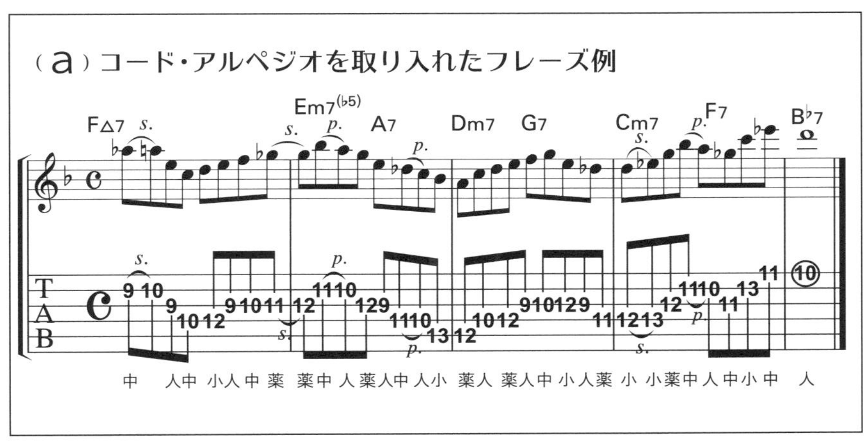

(a) コード・アルペジオを取り入れたフレーズ例

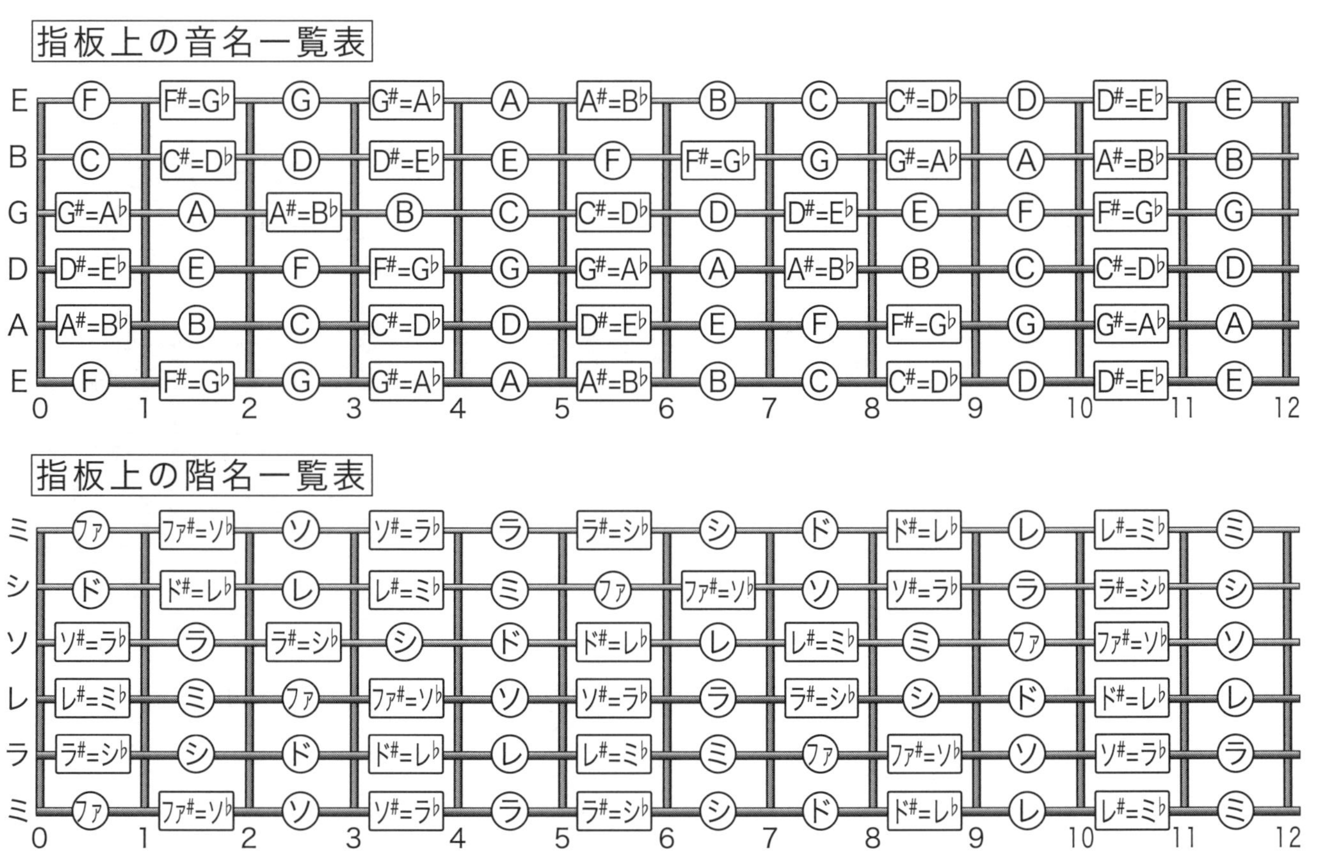
指板上の音名一覧表
0 1 2 3 4 5 6 7 8 9 10 11 12
E F F#=G♭ G G#=A♭ A A#=B♭ B C C#=D♭ D D#=E♭ E
B C C#=D♭ D D#=E♭ E F F#=G♭ G G#=A♭ A A#=B♭ B
G G#=A♭ A A#=B♭ B C C#=D♭ D D#=E♭ E F F#=G♭ G
D D#=E♭ E F F#=G♭ G G#=A♭ A A#=B♭ B C C#=D♭ D
A A#=B♭ B C C#=D♭ D D#=E♭ E F F#=G♭ G G#=A♭ A
E F F#=G♭ G G#=A♭ A A#=B♭ B C C#=D♭ D D#=E♭ E
指板上の階名一覧表
0 1 2 3 4 5 6 7 8 9 10 11 12
ミ ファ ファ#=ソ♭ ソ ソ#=ラ♭ ラ ラ#=シ♭ シ ド ド#=レ♭ レ レ#=ミ♭ ミ
シ ド ド#=レ♭ レ レ#=ミ♭ ミ ファ ファ#=ソ♭ ソ ソ#=ラ♭ ラ ラ#=シ♭ シ
ソ ソ#=ラ♭ ラ ラ#=シ♭ シ ド ド#=レ♭ レ レ#=ミ♭ ミ ファ ファ#=ソ♭ ソ
レ レ#=ミ♭ ミ ファ ファ#=ソ♭ ソ ソ#=ラ♭ ラ ラ#=シ♭ シ ド ド#=レ♭ レ
ラ ラ#=シ♭ シ ド ド#=レ♭ レ レ#=ミ♭ ミ ファ ファ#=ソ♭ ソ ソ#=ラ♭ ラ
ミ ファ ファ#=ソ♭ ソ ソ#=ラ♭ ラ ラ#=シ♭ シ ド ド#=レ♭ レ レ#=ミ♭ ミ

音名と階名対応表

音名	C	C♯ D♭	D	D♯ E♭	E	F	F♯ G♭	G	G♯ A♭	A	A♯ B♭	B	C
階名	ド	ド♯ レ♭	レ	レ♯ ミ♭	ミ	ファ	ファ♯ ソ♭	ソ	ソ♯ ラ♭	ラ	ラ♯ シ♭	シ	ド

CD TRACK LIST

CD収録曲一覧

宮脇俊郎の教則本

最後まで読み通せる音楽理論の本

■仕様：A5判／240ページ／CD
■価格：本体1,800円+税

“五線譜を見ると頭がボーっとする”、“ソロと言えばペンター発”、“コードのつながりが見えない”、“理論と聞くと、音楽は感性だろ！と反論したくなる”……そんなギタリスト諸氏のため、基礎の基礎だけを徹底的に解説したのが本書です。なぜ理論を学ぶのか？　五線譜を読むにはどうすればいいのか？　コードとは何？　そんな素朴な疑問に、経験豊富な著者が軽妙な語り口でお答えしています。読み進むほどに理論の面白さ、楽しさがわかるでしょう！

最後まで読み通せるアドリブ理論の本

■仕様：A5判／224ページ／CD
■価格：本体1,800円+税

自由自在なアドリブ・プレイはギタリストにとって大きな目標のひとつですが、多くの（ほとんどの？）人はペンタトニックを勘だけに頼って弾く“場当たり的アドリブ”から脱却することができないようです。本書では平易な言葉でアドリブ理論のイロハを解説。読むだけでもアドリブ能力向上のヒントがつかめます。理論と言っても単に“理論的に合っている音を選ぶ方法”を羅列するのではなく、ギターらしく有機的に弾くことも重視しています。

究極の ギター運指トレーニング

■仕様：A4変型判／96ページ／CD
■価格：本体1,800円+税

ギターの上達に関する悩みは、実は運指トレーニングの不足によるものかも。本書により各指が独立して動くようになり、運指の際の力加減が調整できるようになるので今まで押さえられなかったフレーズやコードが弾けるようになり、本番でもミスが少なくなります。

ギタリストのためのジャム・セッション・レパートリー曲集

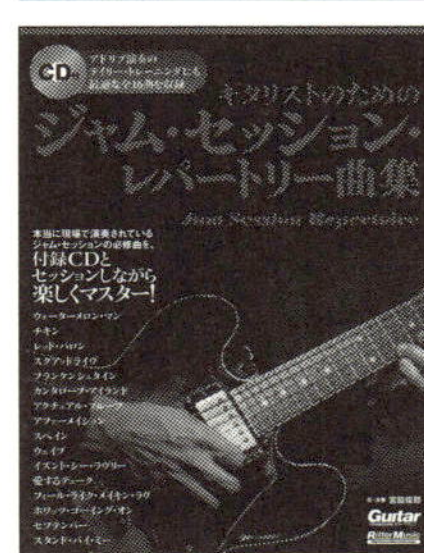

■仕様：菊倍判／96ページ／CD
■価格：本体2,000円+税

その場に集まった人々が即席のバンドを組むジャム・セッション。近年は参加人口が増え、セッションを主催しているバーやライブハウスも目立つようになってきました。全国各地でセッションの進行役を務める宮脇俊郎が厳選した16曲を、解説とともに収録します。

宮脇俊郎ギタースクール

宮脇俊郎ギタースクールには、初心者からプロに至るまで、さまざまなギタリストが全国各地から訪れている。2009年からはさらなる充実を図り、3ポイント・ビデオ録画システムを導入。生徒の手元、譜面、講師の手元を3台のビデオ・カメラで切り換えながら録画し、その映像はレッスン終了後にUSBメモリで提供される。生徒はそれを見ながら、自宅でじっくり復習できるというわけだ。ビデオ・カメラによる映像は、室内に設置されたモニター画面にリアルタイムで映し出され、客観的に弾き方の確認ができるようにもなっている。生徒自身が参加する教則動画を講師とともに作っていくという新感覚のシステムで、より効率的な上達を目指せるのだ。

詳しい情報はこちら
→http://miyatan.cup.com

PROFILE
23歳頃からギタリストとしてサポートワークを開始。その後『究極のギター練習帳』をはじめ、多数の教則本や教則DVDを手掛けピアノやベースの教則本も執筆している。近年は台湾・中国でセミナーやデモ演奏を行うなど、海外での活動にも注力。現在東京都下北沢にてギター教室を運営している。

Guitar magazine

ギター・マガジン

最後まで読み通せるジャズ理論の本

改訂版

定価（本体2,000円＋税）
2019年12月12日　第1版1刷発行
ISBN 978-4-8456-3414-9

著　宮脇俊郎

発行所
株式会社リットーミュージック
〒101-0051 東京都千代田区神田神保町一丁目105番地
https://www.rittor-music.co.jp/

発行人：松本大輔
編集人：永島聡一郎

【乱丁・落丁などのお問い合わせ】
TEL：03-6837-5017 ／ FAX：03-6837-5023
service@rittor-music.co.jp
受付時間／ 10:00-12:00、13:00-17:30（土日、祝祭日、年末年始の休業日を除く）

【書店様・販売会社様からのご注文受付】
リットーミュージック受注センター
TEL：048-424-2293 ／ FAX：048-424-2299

【本書の内容に関するお問い合わせ先】
info@rittor-music.co.jp

本書の内容に関するご質問は、Eメールのみでお受けしております。お送りいただくメールの件名に『最後まで読み通せるジャズ理論の本　改訂版』と記載してお送りください。ご質問の内容によりましては、しばらく時間をいただくことがございます。なお、電話やFAX、郵便でのご質問、本書記載内容の範囲を超えるご質問につきましてはお答えできませんので、あらかじめご了承ください。

編集担当：橋本修一
デザイン：久米康大
DTP：ANTENNNA

印刷／製本：中央精版印刷株式会社
CDプレス：株式会社JVCケンウッド・クリエイティブメディア

本書は2010年発行の『最後まで読み通せるジャズ理論の本』に加筆した改訂版です。